아시아 지역경제론

위기와 통합

아시아 지역경제론

위기와 통합

이 요 한 著

한국학술정보(주)

서 문

21세기를 맞이한 우리는 세계경제의 급격한 변화에 직면하고 있다. 국경을 초월한 무한경제의 시대 속에서 우리는 경쟁의 범위를 세계무대로 넓혀야 했다. 세계화(Globalization)와 동시에 진행되고 있는 지역화(Regionalization)는 우리에게 또 다른 도전이 되고 있다. 우리의 주요 수출 시장인 유럽과 북미시장이 하나의 경제권으로 통합되어 우리에게 배타적인 무역정책을 펼치고 있다. 세계 3대 경제권 중의 하나인 아시아 경제권 역시 지역협력을 위해 나아가고 있지만, EU·NAFTA의 통합 수준에는 크게 미치지 못하고 있다.

우리 대한민국은 무역대국으로서 성장해왔으나, 새로운 무역환경과 질서에 새로운 전략을 요구받고 있다. 한국은 무역대국이면서도 자유무역지대 및 지역경제협력에 대한 대비와 정책은 뚜렷하게 나타나지 않는 모순을 가지고 있다. 우리가 경험한 경제위기는 우리의 무지와 무대응 그리고 무성의한 과거의 성장전략으로 더 이상 세계화와 지역화에 대응할 수 없음을 보여준 명확한 사례다.

본서(本書)는 아시아 경제의 전반적 고찰이다. 아시

아는 우리가 속해 있는 지역인 동시에 우리의 최대 수출, 투자 시장임에도 불구하고 아시아 지역 경제 전반에 걸친 종합적 논의는 많지 않다. 본서는 아시아 지역경제의 두 가지 관점 '위기와 통합'에 초점을 맞추었다. 위기는 지나갔지만, 위기 이후 나타나고 있는 통합의 움직임은 현재 우리에게 매우 시의적인 연구분야로서의 가치가 있다고 확신한다. 본서의 많은 부분은 아시아 경제와 관련한 여러 학자 분들의 분석과 시각이 포함되어있으며, 각주와 참고문헌을 통해 그분들의 성과들을 밝히고 있다.

본서가 나오기까지 많은 도움과 조언을 주신 여러 교수님들께 감사드리며, 무더운 날씨에도 책이 나오기 위해 여러모로 수고해준 아시아연구센터 연구원들에게 깊은 감사들 드린다.

끝으로 부족한 책을 출판하여 주신 한국학술정보(주) 관계자 여러분께 진심으로 감사드린다.

광복 60주년 2005. 8. 15.
우송대 아시아연구센터에서
이　요　한

목 차

표 목차

그림 목차

Abbreviation

ADB	Asian Developmental Bank(아시아개발은행)
AFTA	ASEAN Free Trade Area(아세안자유무역지대)
AMF	Asian Monetary Fund(아시아통화기금)
APEC	Asia Pacific Economic Cooperation(아시아·태평양경제협의체)
ARF	ASEAN Regional Form(아시아 지역안보 포럼)
ASEAN	Association of Southeast Asian Nations(동남아국가연합)
ASEM	Asia Europe Meeting(아시아·유럽정상회의)
CEPT	Common Effective Preferential Tariff(공동유효특별관세)
CER	Closer Economic Relation(경제긴밀화협정)
EAEC	East Asia Economic Caucus(동아시아경제회의)
EAEG	East Asia Economic Groups(동아시아경제그룹)
EAFTA	East Asia Free Trade Area(동아시아자유무역지대)
EAVG	East Asia Vision Group(동아시아비전그룹)
EPG	Eminent Persons Group(저명인사그룹)
EU	European Union(유럽연합)
FDI	Foreign Direct Investment(해외직접투자)
GATT	General Agreement on Tariffs and Trade(관세와 무역에 관한 일반협정)
GMS	Greater Mekong Subregion(메콩강 유역개발)
IMF	International Monetary Fund(국제통화기금)
KEDO	Korea Energy Development Organization(한반도에너지개발기구)
NAFTA	North America Free Trade Area(북미자유무역지대)
NGO	Non Governmental Organization(비정부민간기구)
ODA	Official Development Assistance(공적개발원조)
OECD	Organization for Economic Cooperation and Development(경제협력개발기구)
OPTAD	Organization for Pacific Trade and Development(태평양 무역개발기구)
PAFTA	Pacific Free Trade Area(태평양자유무역지대)
PBCC	Pacific Basin Cooperation Concept(환태평양연대안)
UR	Uruguay Round(우루과이라운드)
WTO	World Trade Organization(세계무역기구)

제1장 아시아 지역경제의 의의

21세기를 흔히 '태평양의 세기(Pacific Century)'라고 일컫는다. 이는 20세기 후반에 보여준 아시아 국가들의 역동적인 경제성장을 놀라워하며 미래의 가능성과 잠재력을 예견하는 말이다. 동아시아 지역에 속해 있는 일본, 아시아 신흥공업국(NIEs: Newly Industrializing Economies), 동남아국가연합(ASEAN: Association of Southeast Asian Nations), 중국 등은 세계에서 가장 빠른 경제성장을 이룩하였으며 이들 국가의 GNP를 합치면 미국과 유럽연합(EU: European Union) 등과 대등한 규모를 갖게 되었다. 즉, 동아시아 국가들은 이제 세계경제의 주변부가 아닌 중심부로서의 역할을 가능하게 할 충분한 잠재력을 보유하게 되었다.

1990년대 들어 소련을 비롯한 동유럽 국가들의 계획경제에서 시장경제로의 이행은 제2차 세계대전 이후 국제정치경제질서를 지배해왔던 냉전시대를 종식시켰다. 또한 경제협력이 증대되는 가운데 세계적 차원에서의 군사적 대결이 감소되고, 분쟁예방과 안보협력을 위한 다자외교를 통한 안정적 추세가 지속되고 있다. 다른 한편으로는 경제이익 추구를 위한 무한경쟁과 패권

의 분산이 초래하는 주도적 지도력의 부재(不在)와 새
로운 안보체제의 미성숙(未成熟) 등으로 전환기의 불확
실성도 고조되고 있는 실정이다1). 더불어 경제 요소의
중요성 증가에 따르는 협력의 추진력을 바탕으로, 국력
의 분포 변화에 따라 지역 단위 질서를 구축하거나 국
제기구 또는 국제레짐을 강화함으로써 질서의 안정적
인 국제질서 유지의 방향으로 나아가고 있다.

---

1) Taylor, P. (1993), *International Organization in the
Modern World: The Regional and the Global
Process*(London: Pinter), p. 7.

<표 1> ASEAN+3의 주요 거시경제지표(2003년 기준)

	면적	인구	GDP	1인당 GDP	상품 수철	상품 수입
	천km²	백만 명	십억 달러	달러	억 달러	억 달러
싱가포르	0.65	4.4	91.4	22,962	1,579	1,285
태 국	513	62.6	143.3	2,291	784	742
말레이시아	330	24.7	103.2	4,175	1,050	793
인도네시아	1,920	214.5	208.5	972	390	390
필 리 핀	300	81.5	80.4	987	348	361
브루나이	5.8	0.4	4.7	12,971	44	13
베 트 남	327	81.1	39.0	481	195	216
라 오 스	237	5.6	2.0	362	4	5
미 얀 마	680	53.5	9.6[1]	179[2]	24[3]	20[3]
캄보디아	180	13.6	4.2	310	18[3]	23[3]
중 국	9,600	1,293	1,411.0	1,092	4,385	4,131
일 본	378	127.6	4,301.4	33,717	4,491	3,418
한 국	99	48.1	605.0	12,585	1,981	1,750

주: 1) IMF에 의한 시장환율 평가, 2) EIU 추정치, 3) 2002년 통계.
자료: 정재완 외(2004).

동아시아도 2차 세계대전 이후 수십 년 동안 이 지역에 존재하였던 대결적 냉전체제를 청산하고 새로운 지역질서를 구축하기 위해 노력하고 있다. 냉전구조 청산에 따르는 동서 양자관계의 재정립, 구(舊)사회주의권의 체제전환, 역내 국가간의 경제적 상호의존성의 심화와 일본·중국 등 세계 주요경제국의 존재는 이 지역에서의 다자협력을 가일층 촉진시킬 수 있는 긍정적 요인으로 작용하고 있다.

이러한 일련의 추세는 각 지역 단위에서 EU 통합의 진전, 북미자유무역지대(NAFTA: North America Free Trade Area)의 확대2) 및 아시아태평양경제협의체(APEC: Asia Pacific Economic Cooperation)의 제도화 등 지역경제협력을 강화하는 노력과 함께, 유럽안보협력회의의 유럽안보협력기구로의 제도적 발전, 아세안지역포럼(ARF: ASEAN Regional Forum)의 출범 및 동북아 다자안보대화(NEASED: Northeast Asia Security Dialogue) 추진 등 지역단위의 안보질서를 추구하는 움직임 등으로 지역협력 체제를 죽으로 하는 지역주의의 강화가 나타나고 있다3).

이처럼 탈냉전시대의 국제질서는 '안보' 또는 '이념' 위주의 전략적 우선순위를 '경제'로 대체(代替)하고 있

---

2) 유럽 국가들은 1993년 EU를 출범시킨 데 이어 1999년 1월 공통화폐인 유로화를 발행하여 실질적인 경제통합에 박차를 가하고 있다. 미국은 캐나다, 멕시코와 함께 NAFTA를 결성하여 자국의 경제영역을 확실히 구축하고 있다. 정용균·김중렬(1998), "NAFTA결성과 북미경제통합요인: 캐나다와 멕시코를 중심으로", 「국제지역연구」 제2권 제3호(한국외대 외국학종합연구센터), p. 23.
3) 이동휘(1996), "국제질서 재편과 동북아지역 협력", 「외교」 (한국외교협회), p. 28.

는 상황으로 재편되고 있는 것이다4). 냉전시대에는 동서(東西) 양 진영 간의 정치적·군사적·이데올로기적 대립과 대결로 인하여 우호국과 적대국의 구분이 명백했으나, 냉전이 종식됨에 따라 우호국과 적대국의 구분이 불분명해졌다. 과거의 적(敵)과 동지(同志)의 개념은 희미해지고 있고, 경제적인 이해관계(利害關係)가 새로운 국제질서의 변수로 작용하고 있는 것이다.

이러한 국제질서의 변화 속에서 경제규모의 경이적인 성장을 시현한 동아시아 국가들에게 세계경제의 블록화는 동아시아경제 블록화의 필요성을 제기하였다. 또한 동아시아 국가들의 겪었던 최근의 경제위기는 서방국가들의 자본력에 대한 아시아의 대응이 취약하다는 공통적인 인식 아래 역내 국가들의 지역협력체의 출현을 모색하게 하였다. 아시아 각국 간의 교류가 공통의 정체성((identity)을 제고하여, 궁극적으로는 이를 공동체 형성의 매개체로 기능할 것을 기대하고 있다. 즉, 아시아공동체라는 제도의 구축을 위해 선행되어야 할 아시아 국가간의 "합의된 규범, 규칙 및 절차의 합의체"로서의 레짐(regime)을 형성함에 있어서 중심적 역할을 하

---

4) Harding Harry(1994), "Prospects for Cooperative Security Arrangements in the Asia-Pacific Region", *Journal of Northeast Asia*, Vol. 16, No.1, p. 30.

게 된다. 교류의 반복적 증대는 아시아적 동질성에 대한 인식을 점차 분명하게 함으로써 공동체적 협력관계를 제도화할 수 있는 가능성을 높일 수 있기 때문이다5).

지역협력에 필수 불가결한 요소인 아시아의 정체성은 아직도 유동적인 상태이다. 그러나 동북아 국가간, 동남아 국가간, 동북아와 동남아 국가간, 그리고 동아시아 국가와 태평양 연안 국가 및 유럽 국가간의 교류가 활발해지면서 아시아의 공동이익에 대한 인식이 점차 확산되고 있는 것이 현실이다. 또한 중앙정부 간 교류에 못지않게 비정부 민간기구(NGO: Non Governmental Organization) 간의 교류 역시 다양한 영역에서 그 중요성이 날로 등대됨으로써 이러한 경향은 더욱 촉진하고 있다.

---

5) 박광주(1998), "아시아 공동체, 현실인가 신화인가", 「아시아와 세계화」(서울: 세종연구소), pp. 114~115.

제1절 지역협력의 이론적 고찰

(1) 지역협력의 주요 이론

가. 주요 개념

지역협력(regional cooperation)과 유사한 개념들로서는 지역화(regionalization), 지역주의(regionalism), 지역통합(regional integration) 등이 있으며 이를 명확히 규정하여 구분할 필요가 있다.

지역화란 상호의존 현상이 지역적으로 나타나는 현상을 의미한다. 이는 특정지역이 여타 지역과 구분되는 성격이나 모습을 갖게 되는 것으로서 특히 경제관계에서 그 모습이 두드러지게 나타난다. 이는 한 지역이 세계의 여타 지역에 비해 경제적 상호의존이 심화되는 것을 의미한다. 이러한 지역화라는 현상은 정치적 의도에 의해서 추진되고 발전되는 것이라기보다는 경제적 이득, 또는 효율성이라는 시장 원리의 힘에 의해서 이루어지는 것이다. 그렇기 때문에 이론적으로 특정지역의 지역화의 진전이 역외지역을 차별하거나 배타적인 성격을 가진 것은 아니다.

지역화의 특징은, 첫째 국가 또는 국가간 정책에 기반을 두지 않으며 국가간 특정한 목표에 대한 합의도 이루어지지 않으며, 둘째, 지역화의 형태는 국경과 반드시 일치할 필요는 없다. 따라서 시장 네트워크의 상호 작용을 통해 새로운 '경제적 경계'를 창출할 수도 있다. 그러나 지역화는 이데올로기나 정책으로서 지역주의와 연결될 수 있는 가능성이 높은 밀접한 관계를 가지고 있다. 때문에 어떤 계기에 의해서 지역화 현상이 특히 국가에 의한 정책적 의도와 결합할 때 배타적인 지역주의를 초래할 가능성은 항상 가지고 있다고 보아야한다6). 기업 간의 무역증가, 기업 합병, 전략적 동맹 등의 다양한 네트워크의 확대가 역내 국가의 국민 간 유대감과 정체성(identity)을 증가시킨다.

지역주의는 두 가지로 분류해 볼 수 있다. 지역적 단결이나 협력을 옹호 또는 주장한다는 의미의 지역주의는 그것이 무엇을 목표로 하느냐에 따라서 두 가지로 세분해 볼 수 있다7). 하나는 지역협력 자체를 하나의 '가치' 또는 궁극적 목표로 하는 것이다. 이러한 경우 지역

---

6) 동아시아에서는 중국의 광둥성과 홍콩, 대만을 연결하는 화남경제권이 지역화현상을 보여주는 대표적인 예이다. 스칼라피노(1992), "아시아의 정치제도와 정치지도자." 「계간 사상」 가을호, p. 32.

7) Mansfield, E. D. and Milner. H. V. (1997), *The Political Economy of Regionalism*, p. 1.

주의는 감정적 요소를 포함하는 지역적 일체감 또는 정체감에 근거를 두고 하나의 이데올로기로서 제시된다. 유럽인들이 유럽의 단결을 주장한다든지 아시아 국가들이 아시아인의 단결을 주장하는 것이 여기에 포함될 수 있다. 전후 유럽의 통합과정에서 나타난 유럽주의와 2차대전 시 일본이 주장한 대동아공영권(大東亞共榮圈) 등은 지역주의가 하나의 이데올로기로서 표현된 것이라고 볼 수 있다.

또한 지역주의 그 자체가 궁극적인 가치라기보다는 특정한 목표의 달성에 도움이 된다는 「수단적(手段的) 지역주의」는 「이데올로기적 지역주의」와 구분될 수 있다. 이와 같은 수단적 지역주의는 국가가 자국의 이익을 실현하기 위해서 지역 내 국가간의 협력을 추진하는 것을 말한다. 이러한 경우 대내적인 문제의 해결을 위한 지역협력을 추진하게 되면 기능적 협력에 그칠 수도 있지만 지역 국가들이 다른 지역이나 국가에 대해서 자신의 발언권을 강화하기 위해서 지역협력을 추진할 경우 이는 대외적으로 배타적이 될 수 있는 가능성이 있다고 볼 수 있다. ASEAN의 경우 이러한 측면을 잘 나타내주고 있는데, 이 기구가 창설될 당시 ASEAN 국가들이 지역적 일체감에 의해서 지역기구를 창설한 것은 아니었다. 동남아가 강대국의 세력 각축장이 되지 않을까 하는 우려와 공산주의의 위협이 중요한 요인으로 작용했지만, 이후 ASEAN은 국제무대에서 회원국들의 발언권을 강화할 수 있는 도구로 활용되어 왔다.

지역통합 또는 지역 경제통합은 정부에 의해 상품, 서비스, 자본, 인적자원의 상호 교환을 위해 모든 장벽을 감소시키거나 철폐시키는 것을 의미한다. 경제통합은 지리적 인접성, 공통된 역사·문화적 배경, 경제적 긴밀도 등으로 이해를 같이 하는 특정 국가군을 대상으로 자유·무차별원칙을 국지적으로 적용하려는 데 목적이 있다[8]. 또한, 경제협력은 특정 국가들 간에 따른 제3국에게는 허용되지 않는 경제적 혜택의 교환을 내용으로 하며 이러한 배타적인 혜택은 회원국들이 공동으로 추구하는 특정 경제적 목적 및 목표의 실현을 취지로 하고 있다. 회원국 간 무역, 재정 및 금융정책에 있어서 협력·조정 내지는 접근을 추진하게 되는데, 그 효과나 협력 모형의 선정은 각 분야의 이론과 정책적 응용에 따라 매우 다양한 형태를 띨 수 있다[9].

세계 각 지역에 걸쳐 형성된 경제협력은 그 범주와 성격에 있어서 매우 다양하다. 따라서 지역적 경제협력은 경제적 차별이 어느 정도 제거 내지 철폐되느냐에 따라

---

8) 이종원 外, (1996), 「국제지역경제」(서울: 비봉), p. 10.
9) 김세원(1993), 「국제경제질서의 변화와 한국 경제의 선택」 (서울: 대한교과서), pp. 52~53.

여러 가지 형태로 분류된다. 그러나 경제협력의 형태와 그 성격이 매우 다르더라도 모든 지역적 경제협력은 하나의 대표적인 특징, 즉 협력체내의 역내국을 제3국보다도 한층 더 우선적으로 대우하는 통상정책을 실시하고 있는 것이다10).

이러한 경제협력의 형태는 시장결합방법, 내부결속도 및 역내국 간의 협력의 정도에 따라 아래 <표 2>와 같이 각각 달리 분류되고 있다11).

<표 2> 경제협력의 유형

구분	방법	내용
형태	기능적 통합	각국이 주권을 보유, 협력
	제도적 통합	각국이 초국가적 기구를 설립
범위	부문적 통합	특정부문에서의 통합
	전반적 통합	가맹국의 전 부문 통합
경제발전의 단계	수평적 통합	발전단계가 동질적인 통합
	수직적 통합	발전단계가 상이한 통합

무역특혜지역은 2개국 혹은 그 이상의 국가들이 특정상품의 교역에 있어서 특혜를 제공하는 협약을 함으

---

10) 김무형 외(1997), 「국제경제의 이론과 현실」(서울: 법문사), p. 243.
11) Belassa, Bela(1961), *The Theory of Economic Integration*, (George Allen & Unwin), London, p. 2.

로써 성립되며, 경제협력의 가장 낮은 단계에 속한다. 즉, 역내국 간에는 역외국에 비하여 상대적으로 낮은 관세나 더 많은 수출·입 쿼터를 제공하는 것이 일반적이다. 극단적인 경우에는 역내국 간의 교역에 있어서는 관세나 수출·입량의 제한이 완전히 폐지되는 경우도 있으나, 특정상품에 한정되는 것이 일반적인 경우이다.

자유무역지대는 정치적·경제적으로 밀접한 관계에 있는 2개국 이상의 국가가 상호간에 관세를 인하 또는 철폐하고 무역의 수량적 제한조치를 제거함으로써 역내에서는 무역의 자유화가 실현되나, 역외국에 대해서는 가맹국의 독자적인 관세 및 수량제한이 실시되는 경제협력의 초보적인 형태라고 할 수 있다. 그러나 각 회원국들이 역외국에 대해 독자적인 관세체계를 유지하고 있으므로 관세가 낮은 회원국가를 이용해서 비회원국들이 얼마든 시장을 침투할 수 있기 때문에 회원국 간의 시장보호라는 기능을 달성할 수 없고, 대외적인 통상조약을 체결하는 데 있어서 응집된 힘을 발휘할 수 없다.

관세동맹이란 역내국 간 관세 및 수량제한조치를 철폐하여 자유무역을 촉진하는 동시에 대외적으로는 공통관세를 설정하여 역외국에 공동으로 대응하는 경제통합형태를 말한다. 관세동맹을 역내국 간 각종 무역제한조치의 철폐를 통하여 자유무역을 실현한다는 점에서 자유무역지역보다 다소 진전된 경제통합 형태라고 할 수 있다.

공동시장이란 관세동맹보다 더욱 발전된 경제통합의 형태로서 역내에 있어 무역제한뿐만 아니라, 노동과 자본을 비롯한 생산요소들의 자유이동을 보장하는 경제통합의 형태이다. 즉, 공동시장이란 역내의 생산물, 생산요소의 자유이동, 역외의 공통통상정책 실시로 거의 하나의 시장과 같은 상태 하에 있다고 하겠다.

경제동맹은 공동시장 형태에서 더욱 발전하여 회원국 상호간에 재정·금융·사회복지 등 모든 경제정책을 상호 조정하여 운영하는 경제통합 형태를 말한다. 이러한 경제동맹의 결성은 역내 각국의 독자적 대내외 경제정책의 실시로 인한 역내 타국과의 마찰을 방지하기 위해 경제정책 전반에 관한 협정을 체결하여 각 부문의 경제정책을 상호 조정함으로써 공동보조를 취하고자 하는 데 그 목적이 있다. 현재 진행되고 있는 EU통합은 이 단계로 진입하고 있다고 볼 수 있다.

완전경제통합이란 경제동맹에서 진일보하여 회원국들이 독립된 경제정책을 철회하고 단일경제체제하에서 모든 경제정책을 통합·운영하는 완전한 경제동맹의 형태라고 할 수 있다. 따라서 완전경제통합은 각 회원국들이 경제주권을 포기하고 하나의 단일경제단위가 되는 경제통합의 최종단계로서, 현실적으로는 회원국의 주권 포기와 관련괴어 있기 때문에 실현가능성은 희박하지만, 모든 경제통합체가 궁극적인 목표로 하고 있는 이상형(理想型)이라고 할 수 있다.12)

지역협력은 '하나 또는 그 이상의 정책영역에서 상호 이득의 추구를 위해 셋 혹은 그 이상의 지리상으로 인접한 독립 국가들의 정부 또는 비정부기구들 사이의 협력'으로 정의될 수 있다13). 이 정의에 따르면, 지역협력의 핵심적 특징은, 참여 주체가 셋 이상이라는 점과 그 행위자들의 지리적 인접이다. 다자주의(multilateralism)에도 셋 이상의 행위자가 필요하다는 점을 고려한다면, 결국 지역협력은 지리적 인접에 기초한 협력의 형태로 정의 될 수 있다. 또한 다자주의적 국제기구와 지역기구의 회원자격은 개방적이지 않다14).

---

12) 최진우(1997), "지역경제블럭과 한국: APEC에서의 한국의 위상과 대응책", 안병준 외 「국제정치경제와 한반도」(서울: 박영사), p. 307.
13) Alagappa, M. (1995), "Regionalism and Conflict Management: A Framework for Analysis." *Review of International Studies*, Vol. 21, p. 362.
14) Kahler, M. (1993), "Multilateralism with Small and Large Number" in Ruggie J. (ed.), *Multilateralism Matters: The Theory and Proxies of an Institutional Form*(New York: Columbia University Press, p.295. 그러나 다자주의와 지역주의 가 서로 상충하는 협력형태가 아닐 수도 있다. 전세계 무역 자유화를 추진하는 WTO에서도, 이 두 원리의 원칙적인 상이성

지역협력은 일반적으로 일정지역 내 특정 국가간 공통목표를 추구하기 위하여 특수한 관계를 갖는 경우이다15). 지역협력은 공식적·비공식적인 형태의 분리 없이 이루어질 수 있다. 국가간 협력은 공시적 기구의 형성에 국한되는 것이 아니라 보다 넓은 개념 즉 "국제관계의 특정한 영역에서 행위자들의 기대가 수렴되는 묵시적이거나 명시적인 원칙, 규범, 결정 절차의 집합"이라고 정의되는 레짐에 의해 이루어진다16). 따라서 지역협력이란 공식적인 제도의 창출일 수도 있지만, 때로는 보다 느슨한 구조의 정규적인 회합(會合)이나 규범들의 형태를 띨 수 있는 것이다. 협력을 위한 레짐은 다양한 목표를 가질 수 있다. 한편으로는 외부의 도전에 대응하기 위한 수단과 국제제도에서의 집단적 영향력 행사, 타(他) 블록에 대한 공동대응을 목표로 하기도 한다. 때로는 경제적 이익을 위한 상호 의존의 증가를 위한 것이 될 수도 있다. 안보 측면에서 지역 내의

을 인정하면서도, 지역주의와 다자주의가 무역자유화를 심화시키는 보완적 관계에 있음을 인정한다. WTO(1995), Regionalism and the World Trading System(Geneva: WTO).

15) 이창재·홍익표(1999), "동북아 경제협력의 새로운 방향 모색", 「대외경제정책연구」 pp. 112~113.

16) Krasner, Stephan. D. (1983), "Structural Cause and Regime Consequence; Regime as Intervening Variables", *International Regimes,* (Ithaca: Cornell University), p. 1.

세력 균형을 통한 안정화, 신뢰구축의 제도화, 안보협상의 레짐으로 나타날 수 있다. 결국 지역협력은 지역통합과는 달리 국가(또는 정부)의 역할을 강화시키고 향상시키는 것을 위해 이루어진다. 또한 경제나 정치 분야에만 국한된 것이 아니라 사회·문화 등 다양한 영역을 그 대상으로 할 수 있다17).

그러나 지리적 인접성을 강조하게 되면, 자칫 한 지역의 형성을 자연적 과정으로 이해하는 오류를 범할 수 있다. 왜냐하면, 모든 지역은 사회적으로 구성되는 것이기 때문이다. 예를 들어 아시아·태평양이나 유럽이라는 지역이 일정한 지리적 기반을 갖고 있는 것은 부정할 수 없지만 사실상 이 지역들도 '인위적 공간'이라고 할 수 있다18). 따라서 지리적 인접성이 지역형성에 있어 중요한 요소이기는 하나, 지역형성에 반드시 필요한 요소는 아닐 수도 있다. 협력의 최대효과를 산출할 수 있는 최적 지역의 산출도 지리적 인접성에 의해 주어지는 것이 아니다. 그렇기 때문에 현실세계에서 지역의 경계는 새로운 지역형성의 정치경제적 유용성이 계산된 이후 참여 주체들의 협상을 통해 '정치적'으로 결정되는

---

17) 김세원(1996), "국제경제질서의 재편과 한국경제-지역주의는 다변주의적 조건을 충족" 35권, 제2·3호. p. 147.
18) Wallace, W. (1990), *The Transformation of Western Europe* (London: Pinter Publishers), pp. 7~34.

것으로 이해되어야 한다. 그리고 이 정치적 결정을 지역을 하나의 단위로 응집시키기 위한 제도나 상징의 발명을 통해 지역적 정체성을 형성하고 대중적 지지를 동원하는 방식으로 보완된다19). 따라서 지역주의가 지역통합의 형태로 발전할 수도 있지만, 지역주의의 출현이 곧 지역통합을 의미하는 것은 아니다. 협력과 통합은 구분되는 개념이다. 경제통합이 새로운 '지역경제단위' 또는 초국가적 경제제도의 형성과 관련되어 있다면, 정부 간 협력은 주권국가 정부들 사이에 특수한 협상의 결과물이다. 다시 말한다면, 지역통합은 회원국가들 사이의 정부 간 협력을 촉진할 수 있지만, 정부 간 협력은 지역통합에 대한 계획이 없이도 발생할 수 있다.20)

---

19) 일반적으로 지역협력은 두 가지 성격이 있다. 즉 하나는 소극적 협력(negative cooperation)으로서 공동의 외부위협으로부터 벗어나거나 정치적·경제적·종교적·사회적·영토적 갈등을 피하기 위하여 협력하는 것이고, 다른 하나는 적극적 협력(positive cooperation)으로서 경제적·기술적·사회적 교류, 적극적 무역협력을 위한 관세장벽의 감축, 기타 유사한 조치들을 통하여 지역적 결속을 강화하고 일체화시켜나가는 것을 말한다. Nathan, K. S. (1988), "The Role and Significance of ASEAN in World Politics", *Foreign Relation*, Vol. 3, No. 4, p. 89.

20) Smith, P. (1993), "The Politics of Integration: Concepts and Themes" in P. Smith(ed.), *The Challenge of Integration*(New Brunswick: Transaction Publishers), p. 5.

[그림 1] 지역협력의 발전과정과 사례

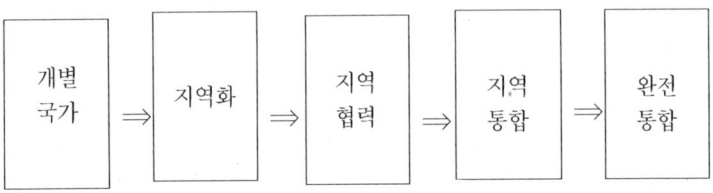

본서는 동아시아의 지역화가 더욱 진전되기 위해서는 동아시아 국가간 정책의 조정을 통한 구체적인 지역협력이 필요함을 주장하고자 한다. 이는 동아시아 국가 상호 간의 이익을 증대시키는 것은 물론, EU · NAFTA 등 세계적 지역주의의 추세에 가장 적절하게 대응할 수 있는 방안일 것이기 때문이다.

(2) 동아시아 지역협력에 대한 기존의 논의

가. 신현실주의

신현실주의의 기본적인 가정은 지역협력과 모순되는 부분이 많다. 신현실주의는 권력의 경쟁, 국제기구 역할의 한계에 주로 초점을 맞추기 때문에 국가간의 협력은 논외(論外)의 대상이 될 때가 많았다. 다만 동맹 형성과 관련된 정치적 역학이 지역주의와 지역협력에 작용한다고 보았다. 즉 EC(현 EU)의 창설도 미국과 소련이라는 초강대국 사이에서 유럽 국가의 단결을 위한 생존전략이라고 주장한다[21]. 1940~1950년대 유럽은 전쟁의 후유증 속에서 과거와 같이 국제사회에 대한 영향력을 발휘하지 못한 채, 미국과 소련에 패권을 넘겨주게 되었다. 이러한 와중에서 서부 유럽 국가들은 초강대국들의 틈새에서 벗어나 새로운 역할을 담당하기 위해 전략적으로 연합하게 되었고, 당시의 정책 기조는 지금까지도 지속되고 있다는 것이다.

신현실주의는 경제적 지역주의 역시 경쟁을 위한 하나의 전략적 수단으로 본다. 미국의 지역주의 정책 즉 NAFTA와 APEC은 EU와 일본의 지역주의에 대응하고 경쟁하기 위한 수단으로 이루어지고 있다고 주장한다. 상대적으로 감소하고 있는 미국의 경제적 지위를 유지하기 위해 전통적으로 추구해 오던 다자주의와는 별도로 지역주의를 병행하고 있다는 것이다.

따라서 신현실주의는 탈냉전 후 아시아의 지역주의 역시 미국-중국-일본의 세 가지 핵심국가의 경쟁과 힘의 구조변화에 따라 그 형태와 성격이 결정되는 것으

---

21) Walt, S. M. (1987), *The Origin of Alliance*, (Ithaca, NY: Cornell), p.10.

로 본다. 이는 신현실주의에서 주장하는 패권안정이론 (Hegemony Stabilization Theory)과도 관련이 깊다[22]. 패권안정이론은 세계질서의 안정을 위해 하나의 패권이 필요하다고 주장한다. 패권안정이론은 공공재이론(Public Good Theory)처럼, 국제체제의 안정은 공공재이며 이것의 공급을 누군가 책임져야한다는 것이다. 공공재 공급을 아무도 부담하지 않을 경우 국제체제는 불안정해진다고 본다[23]. 19세기 영국과 20세기 미국이 각각 패권의 전성기에 있을 때 비교적 안정적인 자유무역체제가 유지되었던 것을 그 사례로 지적한다. 따라서 패권안정이론은 한 국가만의 패권만이 국제체제의 안정을 위한 유일한 해결책이라고 주장한다. 그러나 미국 패권이 상대적으로 약화된 현 국제체제가 과연 불안정한가 하는 의문이 제기되고 있다[24].

신자유제도주의는 패권안정이론의 유효성이 과장되고 있다고 비판한다. 신자유제도주의의 대표적인 이론

---

22) 패권안정이론에 관한 자세한 논의는 Gilpin, Robert(1987), *The Political Economy of International Relations,* (Prin- ceton; PUP), pp.72~80. Krasner, S. (1976), "State Power and the Structural of International Trade", *World Politics,* pp. 314~347 참조.
23) Kindleberger, S. (1973), *The World in Depression; 1929~1939,* (Berkeley: UCP), p. 305.
24) Snidal, D. (1985), "Limits of Hegemony", *International Organization,* Vol. 39, p. 579.

가인 커헤인(Keohane)은 "패권안정이론은 제도적 합의의 계속적인 유지와 이러한 초기 형성을 위해서는 지배적인 강국(hegemony)의 존재가 필수적이라는 가정위에 세워져 있다. 그러나 제도들은 일단 세워지면 관성에 따라 지속력이 생기게 된다. 따라서 특정한 경우 한 나라의 패권이 국제체제의 질서유지에 도움이 될 수도 있으나, 결코 충분조건은 되지 않는다."[25]라고 주장하여 제도의 중요성을 강조한다.

신현실주의가 중시하고 있는 국간의 경쟁관계, 패권국에 의한 국제체제의 안정에 관한 그 내부적인 비판점이외에도 동아시아 지역협력을 설명하기에는 여러 가지 면에서 적실성을 갖고 있지 못하다. 동아시아 국가가 정치와 체제의 상이성에도 불구하고 정치적 관계개선과 경제적 상호의존도가 증가하고 있으며, 역내 국가들의 협력을 위한 구체적 제안과 시도들이 증가하고 있다. 이는 상대적인 이익을 절대적인 이익보다 중시한다는 신현실주의적 관점과는 매우 다른 양상을 보여주고 있다. 또한 동아시아 국가간의 협력은 패권국의 주도에 의해서 형성·발전된 경험을 가지고 있지 않다. 경험적 사

---

25) Keohane, Robert(1984), *After Hegemony: Cooperation and Discord in the World Political Economy*, (Princeton University Press), pp. 31~32.

례 부분에서 보다 구체적으로 살펴보겠지만, 지역 내 강국인 일본에 의해 제안된 협력 모델들은 활성화되지 못한 채 모두 소멸하였으며, 현존하고 있는 협력체 및 협력기구들은 중소국가(中小國家)에 의해 대부분 제안되었다26).

현재 신현실주의 통합이론은 과거 현실주의 통합이론에서 강조되던 국제체계에서의 위치보다는 '국내의 정치과정'을 통해 정의되는 국가이익에 주목하고 있다27). 신현실주의 통합이론의 지배적인 형태인 '정부 간 관계론'(inter-governmentalism)은 단일유럽시장의 형성으로 대표되는 1980년대 이후의 유럽통합을 설명함에 있어 주요 회원국가들인 영국, 프랑스, 독일의 정책전환, 즉 이 국가들의 '신자유주의'적 정책의 선택에 주목한다. 그리고 이 세 국가들의 정부가 국내정치적 조건을 고려하면서 수행하는 최소의 공통분모 협상을 유럽통합을 설명하는 핵심변수로 설정한다28).

---

26) ASEAN+3 정상회의와 ARF는 ASEAN이 APEC은 호주, 동아시아비전그룹(EAVG: East Asia Vision Group)은 한국에 의해 각각 제안되었다.

27) 대표적인 현실주의 통합이론으로는, Hoffman. S. (1966), "Obstinate or Obsolete: The Fate of Nation-State and the Case of Western Europe", Daedalus, No.95,; (1982), "Reflections on the Nation-State in Western Europe Today", *Journal of Common Market Studies*, No. 21. 등이 있다.

이 자유주의적 정부 간 관계론의 결론은 신현실주의의 이론적 전통을 벗어나지 않는다. EU은 첫째로 정부간 협상의 효율성을 제고하고, 둘째로 국민국가의 정치지도자들의 자율성을 증가시킨다는 것이다. 전자(前者)의 주장은 EU의 제도가 정부 간 협상에서 발생하는 불완전한 정보의 문제를 해결함으로써 정부 간 협상의 거래비용을 감소시키고 효율성을 증진시킨다는 기능주의적 국제레짐 이론에 기반을 두었다. 후자(後者)의 주장은 지역통합의 규범적 평가와 관련하여 매우 중요한 의미를 갖는다. 모라브시크(Moravcsik)도 인정하는 것처럼 EU의 '민주성 결핍'(democratic deficit)은 EU 성공의 근본적 원천이었다.

나. 신자유제도주의

신자유제도주의 이론은 최근 들어 국제협력에 관한 가장 주목할 만한 이론적 접근법으로 인식되고 있다. 신자유제도주의 이론은 몇 가지 핵심 가정을 가지고 있다. 첫째, 상호의존의 증가는 협력의 수요를 증가시킨

---

28) Moravcsik, A. (1991), "Negotiation the Single European Act: National International Organization", Vol. 45, No. 1,: Garret, G(1992),: International Cooperation and Institutional Choice", *International Organization*, Vol. 46. No. 2.

다. 이때 작용하는 제도는 "행동역할을 규정하고, 행동
을 구소하며, 기대를 구체화시키는 형식적이거나 비형
식적인 규칙의 지속적이고 관련된 집합"이라고 정의된
다[29]. 규범(Norms), 규칙(Rules), 제도(Institution)는
국가간 공동의 문제를 다룰 수 있고, 국가 이익을 향상
시킬 수 있기 때문에 형성된다는 것이다.

둘째, 신자유제도주의는 국가가 국제정치의 주요한
행위자라고 인정한다. 이러한 기본적 가정은 신현실주
의와 같지만. 신자유제도주의는 국가를 협력을 이끌어
낼 수 있는 합리적 이기주의자(rational egoist)로 본
다. 전통적인 자유주의자들은 전술한 지역화의 개념에
서 보았듯이, 국가 이외의 주체들 간 네트워크를 강조
하였다. 그러나 신자유제도주의는 국가만이 효율적인
행위자라고 주장한다. 따라서 그들은 지역 공동의 문제
를 해결하기 위해서 국가의 역할이 강화되어야 함을 주
장한다. 즉, 초(超)국가관계론이나 상호의존론[30]에서

---

29) Keohane, R. O. (1989), "Neoliberal Institutionalism: A
Perspective on World Politics", *International Institution
and State Power*(Boulder: Westview Press), pp. 3~4;
Young, O. (1980), "International Regimes: Problems of
Concept Formation", *World Politics*, December, p. 337.
30) Keohane, R. and Nye's J. S. (1997), *Power and Inter-
dependence: World Politics in Transition,* (Boston:
Little Brown), pp.15~25.

제기하였던 국가의 해체화 작업을 더 이상 강조하지 않는다. 국가가 무정부 상태하에서 합리적으로 행동한다는 것이 반드시 자신의 생존의 이해에만 집착하여 모든 문제 영역에서 다른 국가와의 협력을 기피한다는 의미는 아니며, 절대적인 이익에도 관심을 가진다. 국가간의 협력이 이기적인 국가들 사이에서도 일어날 수 있고 이러한 협력을 위해 중요한 역할을 담당하는 것이 제도이며 따라서 각 국가는 레짐 안에서 협력을 증진시킬 수 있다. 신자유제도주의는 국제적 합의가 쉽게 이루어진다고 생각하지는 않으나, 문제 영역에 따라 변화하는 제도가 서로 교류하고 협력하는 국가의 능력을 좌우한다는 것이다.

[그림 2] 신현실주의와 신자유제도주의 협력 메커니즘 비교

신현실주의

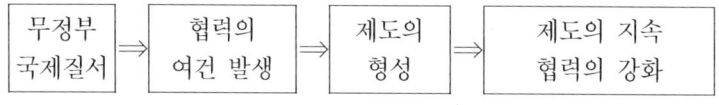

| 무정부 국제질서 | ⇒ | 협력의 여건 발생 | ⇒ | 제도의 형성 | ⇒ | 제도의 지속 협력의 강화 |

신자유제도주의

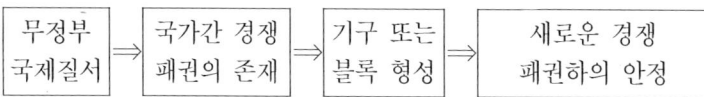

| 무정부 국제질서 | ⇒ | 국가간 경쟁 패권의 존재 | ⇒ | 기구 또는 블록 형성 | ⇒ | 새로운 경쟁 패권하의 안정 |

셋째, 제도는 정보의 교환, 투명성과 감시의 확대, 거래비용의 감소, 기대이익의 공유 등을 가져올 수 있다고 본다. 신자유제도주의 이론은 전략적 상호 작용이 주어진 국제관계 속에서 협력을 이끌어 낼 수 있다는 것이다.

제도 중 하나인 레짐[31]은 국제관계의 특정한 문제 집합과 관련된 규칙을 가지고 있고 국가들에 의해 합의된 제도를 의미한다. 레짐이란 "국제정치의 주어진 한 영역에서 행위자들의 기대가 수렴되는 묵시적이거나 명시적인 원칙, 규범, 결정 절차의 집합"이라 정의된다. 이는 국제기구와는 다른 것으로서 IMF나 OECD 등은 국제기구이고 관세 및 무역에 관한 일반협정(GATT: General Agreement on Tariffs and Trade) 체제는 레짐에 해당된다. 레짐의 발생 원인으로 이기적인 개인 이익, 정치적 권력, 규범과 원칙, 관용과 관습, 지식 등을 들 수 있다. 자신의 효용함수를 극대화하려는 이기적인 개인 이익의 추구 시에도 레짐이 발생할 수 있다는 것은 무정부 상태에서도 협력이 일어난다는 신자유제도주의의 주장과 일치한다.

---

31) 제도에는 레짐 이외에도 국제기구, 관습 등이 있다. 최석훈 (1991), "자유주의 국제정치 이론", 하영선 편, 「현대국제정치이론」(서울: 나남), pp.3~4.

따라서 신자유제도주의는 무정부 상태가 국가들의 협력 의지를 구속하기는 하나 무정부상태인 국제관계에서도 국가간 협력은 발생할 수 있다는 점을 강조한다. 제2차 세계대전 이후 국제정치에는 자유주의경제 진영국가들이 국제무역, 통화가치, 경제부흥 등 경제영역에서 오랫동안 협력하여 왔으며, 이러한 협력은 국제제도의 형성을 통해서 이루어졌다는 점을 신자유주의는 주장한다. 즉, 현실주의이론으로는 1980년대 이후 국제관계에 있어서 발생한 중요한 협조적 움직임을 설명할 수 없다는 것이다. 예를 들어, GATT체제로 대변되는 국제무역제도가 가능하게 되어 자유무역을 위해서 국가간 협력을 하게 된 것이다. 1995년에는 자유무역을 위한 새로운 국제제도인 WTO가 성공적으로 출범하였는데, 이러한 국제제도가 형성되고 유지되는 것이 국가간 협력의 소산이라고 신자유주의 이론은 설명한다. 신자유제도주의자들은 국제정치에 명시적이거나 묵시적인 제도가 존재한다는 점과 그 제도가 각 국가로 하여금 국가이익을 재정의 하고 국가간에 서로 협력을 할 수 있게 영향을 미친다고 주장한다.

국제제도는 행위자들이 상호합의를 통해서 행위의 원칙과 규범 등을 규정함으로써 다른 행위자(국가)가 어떤 행위를 할 것인가에 대한 기대를 가능하게 한다. 또한 국제제도는 양질의 정보를 행위자들에게 동등하게 제공함으로써 정보의 불균형에 의해 생기는 국제관계의 불확실성을 감소시킨다. 어떤 행위자가 보다 많은 정보를 가질 때, 협약을 이행하지 않을 가능성이 커지게 되는데, 정보를 공유함으로써 그러한 가능성을 감소시킨다. 국제제도의 형성으로 이내 국가간의 거래비용 (transaction cost) 변화가 생긴다. 행위자가 국제제도의 원칙을 위반할 경우 이에 대한 보복을 규정함으로써 원칙위반에 따르는 비용을 높이고, 항시적(恒時的) 또는 정기적인 협상의 창구를 개설함으로써 협상에 수반되는 비용을 낮추어 여러 관련 현안 간의 연계를 용이하게 한다. 결국 국제제도는 국가간 정보 흐름을 원활하게 하고, 협상 기회를 높이며 행위자가 협약을 제대로 이행하는 지의 여부를 감시함으로써 각 행위자들의 협약을 이행할 능력을 높인다. 국제제도는 그 제도에 소속되어 있는 행위들 간에는 국제협약이 지켜질 것이라는 기대와 신뢰를 증대시키는 역할을 함으로써 국제적 무정부 상태에서 파생되는 여러 문제들을 해소하여 합리적 행위자들 간의 협력을 용이하게 해준다.

신자유제도주의 협력이론은 다음과 같이 두 가지로 나누어 볼 수 있다. 첫째, 국가간의 협력에 대한 '국제제도'의 순기능(順機能)적 역할을 강조하는 '신자유주의적 제도론'(Neo-Liberal Institutionalism)이다. 둘째, 게임이론을 적용하여 다수 국가의 이기적 국익추구가 반드시 국제적 불안정을 가져오는 것이 아니라 오히려 '협력의 분권적 집행'(Decentralized Enforcement of Cooperation)의 기반이 될 수 있다고 보면서 국제협력이 발생하는 과정에 관심을 가지는 견해이다.

신자유주의자들이 제시하는 논리는 국제사회에서는 이기적인 국가간에 행동이 집단적으로 이루어지며, 각 국가는 행동의 결과를 부분적으로밖에 지배할 수 없는 선택을 여러 번 반복하는 과정을 거치면서 협력이 발생할 수 있다는 것이다. 이러한 논리는 한 행위자가 이기적 이익을 위하여 선택한 행동의 결과가 다른 행위자가 자신의 이기적 이익을 위해서 어떻게 행동을 독립적으로 선택하는가에 따라서 달라지는 상황을 대표적으로 설명할 수 있는 게임이론을 이용하여 설명하고 있다. 국제협력은 개별국가간의 상호 작용을 통해서도 발생하며 나아가 제도의 형성을 가져올 수 있다는 것이다. 신자유주의자들은 무정부적 국제체제 구조와 이기적 행위주체로서의 국가라는 현실주의의 이론적 전제를 수용한다. 그러나 결론은 현실주의이론과 상반된다. 무정부적 상황에서 국가들의 이기적 행동이 서로를 의심하게 만들고 협력보다는 갈등을 유발할 것이라고 보는 현실주의

자와 달리 이들은 국가가 합리적으로 자신의 이익을 극대화하는 과정에서 협력이 나타난다고 주장한다.

그들은 국제정치를 '죄수의 딜레마'(Prisoner's Dilemma) 게임과 유사한 상황으로 볼 수 있다고 주장한다. 국제정치의 상황이 죄수의 딜레마와 같은 것이라면, 각 국가들은 최선의 결과를 얻기 위하여 행동하기보다는 다른 국가들의 배신 가능성을 우려하기 때문에 자신도 배신할 수밖에 없다. 차악(次惡)의 상황을 피하기 위해 최악(最惡)의 결과를 선택할 수밖에 없는 것이며, 이러한 선택은 합리적인 행위자라면 어쩔 수 없는 것으로 본다.

그러나 신자유주의자들은 배신이 지배적인 전략이 되는 '죄수의 딜레마' 게임에서조차도 협력은 가능하다고 주장한다. 동일한 게임이 한 번으로 그치지 않고 여러 번 반복될 수 있기 때문이다. 게임이 반복되는 경우 합리적 행위자들은 미래의 손익까지도 계산에 포함시키게 된다는 것이다. 반복되는 게임을 장기적으로 하게 되면, 배신이 협력보다 열등한 결과를 가져올 수 있다는 점에서 협력의 가능성이 존재한다. 게임이 반복된다면 협력을 통해 얻게 될 장래의 보상이 배신보다 가치가 있을 때 협력의 동기가 발생한다. 자신의 배신행위에 대해 상대방이 다음 게임에서 보복할 것으로 예상한다면, 그 보복으로 인해 자신이 받게 되는 피해까지 장래의 보상에 계산하게 된다는 것이다. 그런데 반복되는 게임에서는 가장 보상이 높은 선택이란 어떤 행위자가 다른 행위자와의 관계에서 처음에는 무조건 협력을 하고 그 다음부터는 상대방의 행동에 따라 협력을 하며, 또한 배신에는 배신으로 대응하는 방식의 '이에는 이, 눈에는 눈(Tit-for-Tat)' 전략을 지속적으로 사용하는 것이라고 밝혀졌다.

<표 3> 주요 이론의 핵심 가정 비교

이론 가정	자유주의	신자유주의적 제도주의	현실주의
국가가 국제정치의 유일한 주요 행위자이다.	아니다. 다른 행위자도 존재한다. 국제기구, 다국적 기업등도 주요 행위자이다.	그렇다. 그러나 국제 제도도 중요한 역할을 한다.	그렇다.
국가는 단일하고 합리적인 행위자 이다.	아니다. 국가는 분열되어 있다.	그렇다.	그렇다.
무정부 상태가 국가의 행동 우선순위를 결정짓는 중요한 요인이다.	아니다. 기술, 지식, 복지 지향의 국내 관심도 중요하다.	그렇다.	그렇다.
국제 제도는 협력을 촉진시키는 독립 세력이다.	그렇다.	그렇다.	아니다.
협력에 대한 전망	낙관적	낙관적	비관적

* 출처: Grieco(1988).

이와 같은 연구결과는 무정부 상태에서의 국제협력 문제에 대해 현실주의이론의 전제를 배척하는 이론적 함의를 가진다. 현실주의이론은 국제사회는 중앙권위체가 결여되어 있으며 무정부 상태이기 때문에 법이나 합의의 집행이 어렵고, 따라서 국제협력이 어렵다는 것이다. 그러나 반복되는 게임에서 '이에는 이, 눈에는 눈' 전략의 성공은 지금의 배신이 미래에 처벌을 받고, 지금의 협력이 미래에 보상을 받는 것을 의미한다. 이는 무정부 상태인 국제체제에서 이기적 이익을 추구하는 국가의 행위에 대해서도 효율적으로 보상 또는 처벌함으로써 국가간의 약속을 지키게 할 수 있다는 것을 의미한다. 장기적인 관계를 맺음으로써, 행위자들은 협력이 보다 우월한 선택임을 깨닫게 될 것이며, 이것은 무정부 상태 하에서도 국가간에 협력이 발생할 수 있다는 것을 의미한다32).

신자유주의자들은 협력은 조화(harmony)와는 다른 개념으로 본다. 조화란 각 행위자들이 자신의 이익만을 추구하는 이기적인 정책을 수행하더라도 자동적으로 다른 행위자들의 이익과 부합되는 것을 의미한다. 각 행위자들의 정책이 자동적으로 조화를 이루는 경우, 각 행위자들 간에 협력은 필요 없다. 그러나 협력은 정책 조정(policy cooperation)이라 불리는 협상의 과정을 통해 조화되어 있지 않은 국가나 기구의 행동을 임의로 일치하게 하는 것을 의미한다. 즉, 정책 조정의 결과로

---

32) 김태현. 정진영(1993), "패권 이후의 국제협력 논쟁과 세계 경제질서의 재편", 하영선 편, 「탈근대지구정치학」(서울: 나남), p. 204.

한 쪽의 정책이 다른 쪽에 의해서도 자신의 목적 실현을
촉진시켜 줄 것으로 여겨지게 하는 과정으로서 잠재적
인 갈등상황에서도 일어날 수 있다.

<표 4> 협력에 관한 각 이론의 비교

	신자유제도주의	신현실주의	신자유주의
주체	국가	국가 또는 패권	기업, 국제기구
변수	정치, 경제	정치	경제
동기	제도	기구	네트워크
협력변수	국가 ↔ 민간	국가 ↔ 민간	민간 ↔ 국가
이익관계	협력	경쟁	조화
협력형태	Regime	Structural Regionalism	Soft Regionalism

* 필자 작성

제2장 동아시아 지역협력의 경험적 사례

제1절 동아시아 지역협력의 초기 모델

1960년대 이후 동아시아 국가들이 공업화 정책을 성공적으로 실현하여 높은 경제성장률을 기록하며, 역내 주요국들은 상호 간 지속적인 경제성장을 유지하고 역내의 성장잠재력을 개발하며 상호 간 경쟁과 마찰의 요인을 사전에 조정하기 위한 조치로서 지역규모의 경제협력체 혹은 경제통합체 구성에 관한 논의를 꾸준히 전개하여 왔다.

동아시아 지역에 있어서 역내 국가간 상호협력 증진을 위한 경제협력기구의 구상안은 제안국가에 따라 접근방법, 협력형태, 목표와 기능, 참가국의 범위 등에서 서로 상이하게 발표되었다. 또한 그 안의 발표 시기도 1960년대 초에서부터 플라자 합의 이전인 1980년대 중반에 이르기까지 장기간에 걸쳐 나타났다. 그 중 대표적인 안으로는 태평양자유무역지대안(太平洋自由貿易地帶案), 태평양무역개발기구설립안(太平洋貿易開發機構設立案)과 환태평양연대안(環太平洋連帶案) 등을 들 수 있다.

태평양자유무역지대(PAFTA: Pacific Free Trade Area)안은 1965년 일본의 고지마 기요시에 의해 주창되었다[33]. 이 구상은 태평양지역 선진 5개국(미국, 캐나다, 일본, 호주, 뉴질랜드) 간에 자유무역지역의 결성을 목표로 하는 제도적 통합체의 설립안이다. 이 안에서는 역내 국가간의 관세 철폐를 10~15년의 기간에 걸쳐 단계적으로 추진하며 모든 교역대상품목을 관세인하의 대상으로 삼고 있다. 고지마는 PAFTA의 구체적인 실현 방법으로 국제 분업의 원칙을 주장하면서 선진 5개국 사이에 상호협상을 통한 관세장벽을 철폐하여 무역자유화를 시행함으로써 동태적 이익을 추구하자는 것이다. 또한 선진국이 후진국과의 무역에서 단순히 특혜관세의 공여에서 벗어나 자본재, 경영노하우, 기술 훈련 등을 제공할 것을 주장하고 있다. 결국 PAFTA지역이 아시아의 후진국과의 관계에서 경제 및 기술 협력의 강화뿐 아니라 산업정책의 재조정도 강조하고 있다. 이 안은 1968년 제1차 태평양무역개발회의에서 그 실현가능성이 검토되었으나, PAFTA안이 실현되기에는 시기상조라는 결론을 내리게 됨으로써

33) Kojima, Kiyoshi and Kurimito, Hiroshi(1996), "A Pacific Economic Community and Asian Developing Countries", *Measure for Trade Expansion of Developing Countries*, Japan Economic Research Center, October, pp. 93~134.

그 실현을 보지 못했다.

태평양무역개발기구(OPTAD: The Organization for Pacific Trade and Development)안은 1979년 미(美) 의회에 제출된 태평양무역개발기구안을 통해 제안되었다[34]. 이 안은 태평양 지역 내에서 구체적인 제도적 경제통합을 목표로 하는 것이 아니라 OECD와 같은 탄력성 있는 국제 간 경제협력기구를 결성하자는 데 취지를 두고 있으며, 여기에는 역내 선진국뿐만 아니라 개발도상국과 중국까지도 가맹(加盟) 대상국으로 예정하고 있다. 또한 PAFTAD안과는 달리 처음부터 정식 가맹국으로서 참여를 인정하였다. 이 당시 일본의 정치인들은 태평양 국가간의 협력체 창설에 관심을 갖기 시작하여, 1967년 당시 미키 외상(外相)은 아시아·태평양협력지역의 창설을 제안하였다. 이 기구의 주요 기능은 상호 간 경제 및 무역문제를 협의하고 역내경제의 구조개선과 개발문제를 논의할 토론장을 만드는 것이다. 그리고 이러한 협의와 토론의 기회를 가짐으로써 지역 내에서 선후진국 간 원조와 투자를 촉진하여 남북문제를 조정

---

34) U. S. Congressional Research Service(1979), Library of Congress, *An Asia Pacific Regional Economic Organization: An Exploratory Concept Paper*, Prepared for the committee on Foreign, U. S. Senate, Washington, D. C, July.

하고 공산권과 경제관계를 확대할 수 있는 기회를 가지도록 한다는 것이다. 이러한 태평양 협력기구 안은 각국에 강제적 구속력이 없고 탄력성이 큰 협력기구라는 점에서 아시아 지역 상황에에 맞는 제안으로 평가되었다. 이 안은 전술한 고지마의 제안을 토대로 하여 구성되었으나, 고지마는 제도적 통합을 주장한대 반해 OPTAD안은 지역적 협력기구로서의 국제기구를 형성하자는 점에서 차이가 있었다.

환태평양연대안(PBCC: Pacific Basin Cooperation Concept)은 1980년 일본의 오히라 수상에 의해 제기되었으며, 21세기까지 아시아·태평양지역에 경제·사회·문화 면에 걸친 지역공동체를 건설하고 역내 국가의 복지와 번영을 추구한다는 것을 주요 내용으로 하고 있다. 이 구상은 역내문제의 해결, 대(對) 동남아 균형외교의 필요성, 자원공급원의 확보 일본의 선·후진국 간의 교량역할 담당 등에 의해서 제기된 것으로 파악되며 협력의 중요한 과제로 역내 국가들의 상호 이해증진, 해양개발과 자원협력, 산업구조 조정의 추진과 역내분업의 강화, 경제협력의 증진, 통화 및 금융 협력을 제시하고 있다. 이 안에서는 무역·자원·자본 등 경제문제에 관한 협력을 중심과제로 하고 있으나, 기타부문에 대한 협력안으로는 무역 및 투자 확대와 산업조정을 위한 기본원칙으로서 환태평양선언을 채택하고, 이 원칙을 적용하기 위해 산업정책기구포럼을 둔다는 것이다. 이 기구는 정보교환, 조사, 연구 활동을 통한 역내국의 정책조정과 공동이해를 증진시키는 것을 목표로 삼고 있으나, 점차 정책 지향적 성격을 띠게 되어 OPTAD의 전(前)단계적 성격을 갖는 것으로 볼 수 있다. 이 구상안에 포함된 대상 국가는 원칙적으로 시장경제권 국가를 참가대상으로 하고 있으나, 계획경제 국가 중 태평양권과의 결속도가 높은 중국도 참가 가능국으로 예정하고 있다. 조직 및 운영형태는 관민(官民)합동 협의방식을 채택하고, 이것이 어느 정도 성과를 거두게 되면 제도적 장치로서 국제협의기구를 설치하며 그 기구의 기능을 보완하기 위해 사무국을 설치한다는 것이다.

그러나 이와 같은 경제통합 구상안은 대부분 일본의 자국이익 중심의 제안인데다가 냉전이라는 국제질서에서 경제협력보다는 안보협력이 더 중요시되었다는 점과 경제협력안 자체가 현실성이 없는 것으로 평가되어 지금까지 추진된 것은 거의 없는 실정이다.

무엇보다도 신자유제도주의 협력메커니즘에서 중요한 동아시아 역내 국가간의 상호의존이 매우 낮은 상태에 머물러 있었다35). 이때 제안된 협력 모델은 대부분

---

35) 플라자 합의 이전인 1984년에 EC(현 EU)의 역내 비중은

경제적 측면이 아닌 정치·안보적 측면의 동맹 성격을 띠게 되었기 때문에 회원국 간의 갈등에 의해 쉽게 해체 되거나 유명무실하게 되었다. 1980년대까지만 해도 냉전적 요소는 동아시아 국가의 협력을 저해하였으며, 경제적 상호의존이 결여되어 있는 상태에서 협력에 대한 유인(誘引)을 크게 느끼지 못하였다.

답보상태에 머물러 있던 동아시아 지역협력의 전환 정도는 1985년 플라자 합의36)에 의해 이루어졌다. 플라 자 합의는 미국과 일본뿐 아니라 이후 동아시아의 경제 에 심대한 영향을 미쳤다. 엔화 환율이 평가절상 되어 일본 국내에서는 생산원가가 비싸지자 일본의 기업들이 동아시아, 특히 동남아시아의 개발도상국으로 자본수출 과 함께 생산기지를 대거 이전하였다37). 플라자 협정은 일본이 대내적 경직성과 대외적 위상 사이의 불균형을 해소하는 데 소극적 이었던 시점에서 이루어졌고, 이로 인하여 '일본 블록(Japanese Bloc)'의 부상이라는 예기

52.5%인 것에 비해 동아시아는 36.7%에 불과하였다. IMF, *Direction of Trade Statistics*, Yearbook.

36) 플라자 합의는 미국 달러화와 일본 엔화 사이의 환율 조정 이 핵심이었다. 즉, 달러화의 가치를 평가절하하고 엔화의 환율을 평가 절상하였다. 선진국 사이에 금리를 조정하는 등 정책 수단을 서로 협조적으로 운영해 환율을 재조정하 기로 했다.

37) 이주명(1998), 「아시아 보고서」(서울: 서해문집), pp. 106 ~107.

치 않은 역설적인 결과가 나타난 것이다. 플라자 합의 이후 엔화의 가치가 오르기는 했으나 일본 정부는 국내 수요의 자극에 소극적인 자세를 계속 견지했는데, 이러한 상황에서 일본 기업들은 노동력과 천연자원이 풍부한 동남아시아에 잉여자본을 투자하게 된 것이다. 1980년대 중반 이후 직접투자에서도 아시아의 상호 의존관계가 급속히 진전되었다.

1985년 플라자합의 이후 일본의 산업구조 조정, 엔고(円高), 아시아 지역의 수출지향공업화 등으로 일본기업의 대(對) 아시아 진출이 급증하였다. 1987년 이후 한국, 대만 기업도 아시아에 본격적으로 진출하였다. 태국, 말레이시아는 1980년대 후반~1990년대 초 직접투자 급증하여 고도성장에 기여했다. 다국적기업의 직접투자주도형 성장(FDI-led growth)패턴이 보여졌다[38].

---

38) 예를 들어 1989년의 경우 말레이시아・태국・인도네시아・필리핀의 ASEAN 4개국에 대한 일본의 연간 해외직접투자는 1986년의 6억 6,250만 달러의 7배에 달하는 48억 4,240만 달러로 증가했다. 일본기업의 투자는 동남아시아에 집중되었는데 1990년에는 전체투자의 60%에 달하기도 하였다. 渡邊利夫(1991), 「轉換するアジア」(東京), p. 151.

<표 5> 주요 자유무역협정 비교

	회원국	형태	규모	특징
NAFTA	미국·캐나다·멕시코	자유무역협정	인구: 4.1억 GDP: 11.2조$ 교역: 2.7조$	-89년 미·캐 FTA -94년 멕시코 참여 -선진국-개도국 FTA
EU	영국, 프랑스 등 25개국	국가연합	인구: 4.5억 GDP: 9.6조$ 교역: 4.9조$	-58년 EEC 설립 -92년 EU 설립 -99년 유로화 출범 -2004년 25개국 확대
MERCOSUR	아르헨티나, 브라질 등 4개국	관세동맹	인구: 2.2억 GDP: 0.9조$ 교역: 0.15조$	-95년 설립 -2000년말 역내공동 거시정책 설정
AFTA	아세안 10개국	자유무역협정	인구: 5.48억 GDP: 0.64조$ 교역: 0.75조$	-92년 기존6개국추진 -2002년 선발6국 시작

자료: KOTRA(2005)

1990년대 초 경제적 상호의존의 증가와 탈냉전은 동아시아 국가간의 정치적·경제적 관계를 크게 개선시켰다. 역내질서의 이러한 변화는 상호의존을 바탕으로 한 지역화가 진전되는 계기가 되었던 것이다.

제2절 동아시아 지역협력의 현황

(1) 동남아국가연합(ASEAN)

ASEAN은 회원국들 간의 정치적 결속과 경제협력 강화를 목적으로 1967년 결성된 이래 회원국 경제발전에 기여하였고, 이에 따라 개발도상국가들 간에 형성된 경제통합의 좋은 본보기가 되어왔다. ASEAN은 출범당시 비정치적·비군사적 기구임을 천명하였으나, 인도차이나의 공산화로 인해 정치·안보적 협력을 강조하게 되었다. 즉, ASEAN은 인도차이나의 공산화 이후 미국의 공백을 장악하려는 공산국가들의 직접적인 위협을 최대한 완화하려는 시도였다[39]. 냉전 종식 이후 경제적인 면에서 ASEAN은 EU, NAFTA 등의 블록화 현상에 대응하여 자신의 이익을 지키기 위하여 역내 경제협력을 강화하는 한편, 집단적 결속을 통하여 선진국들에 대한 교섭능력을 지속적으로 증대시킴으로써 ASEAN의 국제적 위상을 높이기 위해 노력하였다.

ASEAN이 채택한 독특한 운영방식은 ASEAN의 발전

---

39) 양승윤(1996),「동남아와 ASEAN」(한국외대출판부), p. 249.

을 가능하게 하였다. 사회경제적인 이질성이 크고 갈등의 역사를 갖고 있는 지역에서의 협력이 지속되기 위해서는 무엇보다도 협력체의 갈등 조정능력이 중요하였다. ASEAN은 이 점에서 회원국의 만장일치제도라는 비록 최종합의에 이르기까지 시간을 요하나 매우 유용성이 있는 협력의 원칙과 규칙 및 정책결정 절차를 채택·운영함으로써 회원국 간의 갈등을 극복하고 지역협력을 축적해왔다[40].

1990년대에 들어서서 ASEAN은 내·외적으로 커다란 정치·경제적 변화와 도전에 직면하게 되었다. 우선 ASEAN은 두 가지 정치적 격변을 겪었다. 1980년대 말 동구 사회주의권의 붕괴와 냉전체제의 종식과 그에 따른 인도차이나 사회주의권 국가의 개혁개방정책이다. 이 두 가지 요인들로 인해 ASEAN 회원국들은 기존의 협력전략을 기본적으로 재수정하게 되었다. 사실 기존의 ASEAN 협력은 여러 경제협력 시도에도 불구하고 주로 정치적인 성격을 많이 가지고 있었으나 1990년대 이후 ASEAN 협력은 보다 경제적인 측면에 맞춰야 한다는 주장이 제기되었다. 이러한 주장은 경제적인 측면

40) Singh, Hari(1993), "Prospects for Regional Stability in Southeast Asia in the Post-Cold War Era", *Millenium, Summer.* Vol. 22, No.2, p. 292.

에서 다음과 같은 외부적인 도전에 직면하자 더욱 그 당위성을 인정받게 되었다.

첫째, 1986년에 시작된 우루과이라운드(UR: Uruguay Round) 협상이 지지부진함에 따라 지속적인 국제무역 자유화와 시장접근이 불확실해 지게 되었다. 게다가 단일 유럽시장의 형성 움직임과 NAFTA 추진 등 세계경제가 지역 중심의 블록화가 가속화되어 이들 지역 수출에 크게 의존하던 ASEAN에게 위기감을 주기에 충분하였다. 둘째, ASEAN 경제성장의 원동력이 되었던 외국인 직접투자가 다른 개도국들도 투자선(投資線)이 전환되는 심각한 상황을 맞게 되었다. 북미자유무역지대의 결성 움직임에 대응하기 위해 대미(對美)시장 진출을 위한 멕시코의 해외직접투자가 급증하였다. 또한 저임금을 무기로 한 중국, 베트남 등 기존 사회주의권 국가들이 유망한 투자지역으로 부상하면서 ASEAN에 대한 관심이 상대적으로 감소하게 되었다.

ASEAN 지도자들은 1992년 1월 싱가포르에서 열렸던 제4차 정상회담에서 "ASEAN은 동남아 전체를 포용하는 폭 넓은 지역협력을 위한 공동의 틀을 공급하고 「동남아 우호협력조약」에 의거 모든 동남아 국가의 ASEAN 가입을 환영한다."고 선언하여 「동남아 지역의 아세안化 (ASEANization of Southeast Asian Region)」의지를 천명한 바 있다.

경제 면에서 ASEAN 회원국의 확대는 잠재적 시장의 확장을 의미한다[41]. 정치안보적 측면에서 동남아의 아세안화는 더욱 견고한 지역협력체로서 ASEAN의 정치안보적 지렛대 역할을 할 수 있다는 것이다. 1993년부터 아세안 자유무역지대를 결성·발족시키기로 합의함으로써 역내 경제통합을 시작하였다. 이 ASEAN 자유무역지역은 공동유효특혜관세제도(CEPT: Common Effective Preferential Tariff)라는 특혜관세제도를 통하여 모든 회원국들이 1993년부터 향후 15년간 점진적으로 관세를 0~5퍼센트까지 인하하여 2008년에는 사실상 역내국 간의 관세장벽을 철폐한다는 것이 그 핵심적인 내용을 이루고 있다. 이러한 공동유효특혜관세제도의 시행과 병행하여 해당품목에 대한 모든 수입수량 제한 조치도 철폐하기로 합의하였다[42].

---

41) 동남아 10개국의 총인구는 1995년 4억 8,400만 명으로 EU나 NAFTA보다 많으며 구매력은 5,676억 달러(1995년)로 아직 낮으나, 풍부한 자원과 양질의 저임노동력에 넓은 시장성 등 무한한 잠재력을 가지고 있다. 1991년부터 1995년까지 ASEAN 6개국의 연평균 경제성장률 7.2%는 동남아의 역동적인 경제성장 가능성을 단적으로 표현하는 수치이다. 원용걸(1996), 「ASEAN 자유무역지대의 전개과정과 그 시사점」(서울: KIEP), p. 16.

42) Hussion Mutalib(1997), "At Thirty, ASEAN Looks to Challenge in the New Millenium", *Contemporary Sou-*

ASEAN은 1999년 9월 싱가포르에서 제31회 ASEAN 10개국 경제장관회의(AEM: ASEAN Economic Ministers) 및 제13회 자유무역지대 평의회(AFTA Council) 등을 연이어 개최하여 2018년까지 역내 무(無)관세화, 농업시장 개방, 관세 및 비관세장벽 철폐 가속화, 아세안자유무역지대(AFTA: ASEAN Free Trade Area) 간의 자유무역지대 결성, 투자유치 활성화 등을 추진키로 했다.

ASEAN의 양적(회원국의 확대)·질적(경제통합 활성화)으로 지역협력을 활성화하기 노력해 왔으며 지금까지 개도국의 협력기구로서 성공적으로 발전해왔다. 또한 ASEAN 주도의 ARF의 형성 등 개별국가의 취약한 외교력을 강화하는 데 기여해 왔다.

그러나 ASEAN은 쉽지 않은 과제들로 산적해 있다. 미국의 동아시아 지역에서의 영향력 감소는 자연스럽게 중국의 헤게모니를 점증(漸增)시키고 있으며, 경제적으로는 일본에 크게 의존할 수밖에 없는 취약한 상태이다.

동남아 외환위기는 ASEAN의 역할에 대한 회의론(懷疑論)을 제기하는 결정적 원인이 되었다. ASEAN이 자체적으로 높은 수준의 협력을 이루어낸다 하더라도, 아시아 금융위기 때 보여진 것과 같이 선진자본들의 유출

theast Asia, Vol. 19, No.1, pp. 74-85.

에 따라 쉽게 경제의 부실함이 드러나게 되었고, 역내 국가들의 공조도 효율적으로 이루어지지 않는 한계를 노정(露呈)하였던 것이다. 또한 ASEAN이 가지고 있는 정치·경제적 역량으로는 EU·NAFTA 등에 맞서서 회원국들의 이익을 보호할 counter-hegemony의 역할을 감당하기 어려운 것이다[43]. ASEAN의 부분적인 성공과 한계는 한·중·일을 포함하는 동아시아 지역협력에 대한 관심을 자연스럽게 증가시켰다.

(2) 아시아·태평양 경제회의(APEC)

1989년 호주가 아태지역의 협의체 결성을 제안하여 그해 11월 캔버라에서 열린 장관회의에서 APEC이 창설되었다. 미국은 초기에는 APEC에 대해 소극적 태도를 보여 왔으나, 현재는 APEC을 경제공동체로 발전시키는 데 가장 적극적인 입장을 취하고 있다[44]. 본래 APEC은

---

43) ASEAN이 세계경제에서 차지하는 비중은 인구는 8.7%, GDP 는 1.7%, 수출입 규모는 약 5.5%에 불과하다. 노재봉(2000), "ASEAN현황과 한·ASEAN관계", 「외교」 제53호, (한국외교 협회), p. 54.

44) 미국의 APEC에서의 리더십에 관련된 문제점에 대한 논의로 는 Higgott, Richard(1995) "APEC-A Sceptical View" in Andrew Mack and John Ravenhill(eds.), *Pacific*

호주의 주도와 일본의 지원에 의해 시작되었다. ASEAN 국가들은 ASEAN의 단결을 해칠 수 있는 어떠한 지역기구에도 가입하는 것을 꺼렸지만 APEC에 대해서는 ASEAN의 조직적 단결을 유지하면서 영향력을 발휘할 수 있는 유용한 틀로 생각하게 되었다. 그러나 미국이 APEC에 적극적으로 관심을 가지면서 그 성격이 변하기 시작하였는데 무역자유화와 APEC의 효율적인 운영이 주요 의제로 떠올랐다. 미국은 4차 각료회의에서 차기회의의 개최국이라는 위치를 이용하여 무역자유화를 1993년 회의의 주요의제로 삼는 데 성공하였고, 미국이 의장국이면서 무역에 관한 제안을 하는 것을 임무로 하는 저명인사그룹(EPG: Eminent Persons Group)을 설립하였다.

APEC의 성격이 크게 바뀌게 되는 계기는 클린턴 행정부에 와서 미국이 APEC에 적극적 관심을 표명하면서부터이다. 특히 클린턴은 1993년 도쿄정상회의에서 "신

Cooperation: Building Economic and Security Regimes in the Asia- Pacific Region (St. Leonards: Allen & Unwin Australia),; Rapkin, D. P., "Leadership and Cooperative Institutions in the Asia-Pacific" in Mack and Revenhill (eds.) 고대원(1996), "미국의 아시아·태평양 경제협력체(APEC) 정책과 리더십", 「동아시아 신질서의 모색」 경남대학교 극동문제연구소 편, (서울: 서울프레스), pp. 207-241. 등 참조.

(新)태평양 공동체"의 창설을 제의하는데 클린턴의 이러한 제안은 APEC의 성격을 근본적으로 바꾸는 의미를 가진다. 미국은 APEC을 아시아·태평양지역의 무역자유화를 추진하는 틀로서 만들려는 의도 하에 협의와 합의를 바탕으로 한 기존의 APEC 운영방식을 예정된 무역자유화에 대해 좀 더 공식적이고 의무성이 강한 약속 이행장치를 포함한 보다 공식화된 기구로 대체하려는 의도를 분명히 했다. 이러한 미국의 의도에 대해 경계와 의심 그리고 저항 등의 반응이 있었지만, 결국 미국은 1993년 시애틀 회의에서 자국(自國)의 계획을 강력하게 추진하였다. APEC은 미국의 주도적인 역할을 중심으로 경제협력체로서의 발전을 계속해오고 있지만 여러 가지 과제들을 안고 있다. 경제규모 및 발전단계의 차이, 문화적인 차이 등에서 오는 현실적 문제점들 이외에도 각국의 상반된 이익으로 인해 완전한 경제협력체로 발전하는 데는 아직도 많은 문제점을 내포하고 있는 것이다.

APEC이 어떠한 제도적 특성을 가져야 하느냐에 대해서 APEC의 주요 멤버 간에는 상당한 이견이 존재하고 있기 때문이다. 개방적 지역주의는 APEC이 처음 공식적으로 채택한 개념으로서, 기본적으로 1980년대 중반 이후 강화되고 있는 지역주의를 극복할 수 있는 방안의 하나로 여러 차원에서 논의되고 있다. 이 개념은 APEC 내에서도 그 구체적인 의미와 실천방안에 있어서 몇 단계에 걸친 변화를 거친 것으로 판단되며, 그 논의가 WTO, OECD 등의 국제기구로까지 확대되고 있는 것으로 분석된다. 이에 대하여 1990년대 초에는 EU도 한편으로는 내부문서를 통해서 그리고 다른 한편으로는 ASEM 등의 채널을 통해 공공연하게 개방적 지역주의를 지향하고 있음을 밝히고 있다45). 그러나 개방적 지역주의는 그 최초 제안기구인 APEC에서 조차도 일관된 개념정의가 이루어지지 않고 있는 실정이다. 그 구체적인 실행방법에 대해서는 APEC 회원국인 개도국들과 선진국들이 아직도 첨예한 의견대립을 해소하지 못하고 있다. 특히 WTO로 상징되는 다자간 교역질서의 가장 중요한 기본원칙이라고 할 수 있는 비차별성(non-discrimination)에 입각한 최혜국대우를 어떻게 적용하는가 하는 문제에 있어서 의견차

---

45) APEC의 EPG(Eminent Persons Group) 보고서에 따르면 개방적 지역주의의 개념을 다음과 같은 네 가지로 제시하고 있다. ① 최대한의 일반적 자유화, ② 비회원국에 대한 무역장벽의 지속적 완화 확약(確約), ③ 상호주의(相互主義)에 입각한 자유화의 실시, ④ 개별 회원국의 독자적인 조건적·무조건적 최혜국대우 원칙 적용 등이다. 박성훈(1998), "APEC의 개방적 지역주의: 개념과 실천방안", 「IRI 리뷰」 제3권, 제1호, p. 91.

이가 가장 큰 것이라고 할 수 있다. 즉 WTO와의 정합성을 확보하면서 회원국의 결속력을 제고하는 방향으로 개방적 지역주의를 구체적으로 실천하는가 하는 과제는 최근 수년간 APEC 내의 논의에서 가장 핵심적인 사안이라고 할 수 있다.

\<표 6\> APEC의 회의별 주요 합의 내용

회차	개최시기	개최지	주요합의 사항
제1차	1989. 11	호주 캔버라	· UR의 성공적 타결을 위해 공동노력 · 역내무역·투자·기술이전 촉진을 위한 7개 항의 공동협력 추진
제2차	1990. 7	싱가포르	· UR의 성공적 타결을 위해 공동노력 · 공동협력사업에 관광, 수송부문 추가
제3차	1991. 11	한국 서울	· APEC의 목적과 활동 분야, 운영방식을 명문화/UR의 성공적 타결을 위해 공동노력/중국, 대만, 홍콩의 신규가입
제4차	1992. 9	태국 방콕	· UR의 성공적 조기타결을 위해 공동노력 · APEC의 상설 기구화
제5차(제1차 정상회담)	1993. 11	미국 시애틀	· UR의 연내타결 촉구 · APEC의 무역·투자 기본방향 선언/투자위원회 설치
제6차(제2차 정상회담)	1994. 11	인니 자카르타	· 무역·투자위원회에 역내 무역 및 투자 자유화 조치를 구체적으로 검토할 소위원회 구성 · 표준협정 및 투자원칙협정에 합의 · 칠레 신규가입
제7차(제3차 정상회담)	1995. 11	일본 오사카	· 무역 및 투자자유화를 위한 9개 항의 행동지침 채택 · 참가 각국이 초기 가시화 조치(Initial Action)발표 · APEC경제인 자문화의 설치
제8차(제4차 정상회담)	1996. 11	필리핀 마닐라	· 무역, 투자 자유화 이행계획, 마닐라 플랜 채택 · 기술개발협력의 강화·가입 제한 철폐
제9차(제5차 정상회담)	1997. 11	캐나다 밴쿠버	· 동아시아 외환, 금융위기 해결을 위한 역내 금융협력 체제 구축/간접자본 개발을 위한 공공-민간 협력 강화 · 신규가입 조건 결정

회차	개최시기	개최지	주요합의 사항
제10차(제6차 정상회담)	1998. 11	말레이시아 쿠알라룸푸르	· 아시아금융위기 공동 극본 논의 (미·일 백억 불 지원) · 부문별 조기자유화(EVSL) 논의: 실패 · 해지펀드, 투자은행의 투명성 및 정보공개
제11차(제7차 정상회담)	1999. 9	뉴질랜드 오클랜드	· APEC 내 영업기회 확대 · WTO 뉴라운드 일괄타결 방식으로 APEC의 입장정리 · 지역금융시장의 강화
제12차(제8차 정상회담)	2000. 11	브루나이 반다르 스리베가완	· 신경제를 위한 행동계획 채택
제13차(제9차 정상회담)	2001. 10	중국 상해	· Shanghai Accord, · e-APEC Strategy 채택 · 반테러 정상별도 성명 채택
제14차(제10차 정상회담)	2002. 10	멕시코 로스카보스	· 투명성 성명, 디지털 경제 성명 채택 · 반테러와 경제성장 성명, APEC 회원국내 테러 사태에 관한 정상성명, 북한 관련 별도 성명 채택
제15차(제11차 정상회담)	2003. 10	태국 방콕	· 무역·투자 자유화 촉진, 인간안보 강화, 세계화 혜택의 향유를 위한 APEC의 기여 · "보건 안보에 관한 정상성명" 채택
제16차(제12차 정상회담)	2004. 11	칠레 산티아고	· 무역·투자의 원활화 · 지식기반 사회의 확충
제17차(제13차 정상회담)	2005. 11	한국 부산	(개최 예정)

자료: APEC Homepage, 외교통상부

이러한 개념의 미정립에 따른 구체적 실천프로그램에 관한 합의의 결여는 APEC이 보유하고 있는 경제규모에 비추어 볼 때 세계교역질서에도 적지 않은 혼동을 야기시켰던 것이다. 우선 APEC이 장기적으로 어떤 방향으로 발전해야 할 것인가에 관한 명확한 비전제시가 아직은 결여되어 있다는 점이 개방적 지역주의의 추진에 있어서 가장 중요한 걸림돌로 작용하고 있다. 만약 APEC이 장기적으로 경제공동체를 지향한다면, 유럽의 경제통합 사례를 통해서 알 수 있듯이 우선 회원국 간의 경제통합을 보다 강화하고, 필요하다면 자유무역지대를 발족시키는 등 제도적인 측면에서의 통합노력이 필요할 것으로 보인다.

APEC이 개방적 지역주의를 실천하는 데 있어서 또 다른 걸림돌로 작용하는 것이 바로 APEC 내에 AFTA, NAFTA, CER 등 다수의 소(小)지역주의가 존재하고 있다는 사실이다. 이러한 소지역주의들은 경제통합의 역사, 자유화의 범위 및 속도 등에서 현격한 차이를 나타내고 있다. 이에 따라 APEC은 개방적 지역주의를 실천해 나가는 과정에서 대내적으로는 이러한 차이점들을 제거하는 노력을, 그리고 대외적으로는 역내자유화를 대외적으로 확대 적용하는 노력을 펼쳐야 하는 등의 이중 부담을 지고 있다. 예를 들면, NAFTA를 통해 이루어지는 자유화의 혜택이 AFTA, CER 등 역내의 다른 지역주의 또는 한국·중국·일본 등 소지역주의에 참여하지 않고 있는 주요 APEC회원국들에게 제공되지 않은 상황에서, APEC을 통해 자유화를 달성하고 이 혜택을 APEC 외부에 자동적으로 적용하는 것은 무리가 있다는 것이다. 특히 이러한 다양한 소지역주의의 존재는 회원국 간의 전체적인 결속력을 저해하는 요인으로 작용할 가능성이 매우 높으며, 이는 자칫 잘못하면 APEC의 존립기반마저 무너뜨리는 원인이 될 수도 있다.

특히 1998년의 제6차 APEC 정상회의가 동아시아 경제위기의 해결책을 둘러싸고 심각한 대립양상을 보였다. 이 회의가 미국과 국제금융기관의 해법에 정면으로 반대하여 국제금융기구(IMF: International Monetary Fund)의 구제금융을 거부한 말레이시아(쿠알라룸푸르)에서 열렸다는 것 자체가 이와 같은 갈등과 반목이 예견되었다.

APEC의 구조적인 문제점은 회원국 간의 경제발전수준이나 역사 및 문화 면에서 현격한 이질성으로 인하여 공통의 이익을 추구하는 것이 쉽지 않다는 것이다. 더구나 아시아 경제가 급성장하여 21세기의 주역이 될 것이라는 예측이 정설처럼 받아들여지고 있었고, 일본의 암묵적인 지지 아래 말레이시아가 주도하여 추진하던 동아시아경제회의(EAEC: East Asian Economic Caucus)가 추진되던 중에 미국이 이에 제동을 걸기 위하여 APEC의 위상을 강화하였다.

또한 선·후진국 간 그리고 제조업 중심국 대 농업 중심국 간에 현저한 의견차이가 있고, 사안에 따라서는 대립하고 있다. 국제금융 체제개편에 관한 논의에서 멕시코는 헤지펀드(hedge fund)의 폐해를 지적하고 이를 빌려주는 금융기관에 대한 규제기준 설정 등을 마련할 '국제금융기준'을 논의할 것을 제안했으나, 정작 미국은 소극적 입장을 보였다.

싱가포르와 호주를 비롯한 선진국들은 무역 자유화 시기를 앞당기자고 주장하고, 특히 호주는 농산물 무역의 자유화도 조기에 실현하자고 주장하였다. 그러나 중국, 말레이시아 및 태국 등은 선·후진국 간에 무역자유화의 속도에 차별을 두어야 한다고 주장하였다. 특히 몇 차례의 금융위기를 겪은 멕시코는 뉴라운드가 종료되는 시점인 2005년까지 APEC을 '구속력 있는 자유무역체제'로 격상시키자고 주장하였으나 결실을 보지 못하였다. 뿐만 아니라 APEC은 최근 금융위기로 발생한 역내 문제점을 해결하지 못할 뿐만 아니라, 해결책을 제시하는 수준의 성과도 제대로 내지 못하고 있다. APEC이 실질적인 성과를 내기 어렵기 때문에, 회원국들이 소극적인 태도를 보이고 있다46). 이 기구는 EU와 같은 공동체도 아니고 NAFTA와 같은 무역협정도 아니어서 실질적으로 회원국들을 구속하는 정책이나 결정을 산출하지 못하고 있다. 의사결정도 전원합의제를 선택하고 있어 정작 해소할 필요가 있는 대립을 해소할 수 없게 하고 있다.

APEC은 오랜 논의에도 불구하고 아직 협의체(forum)의 단계를 벗어나지 못하고 있다. APEC이 역내 경제통합을 성공적으로 진전시켜 자유화와 개방화를 촉진시키고, 이를 역외 국가들에도 무차별적으로 확대해 나간다면, 이는 궁극적으로 WTO체제의 자유주의경제질서를 확대시키는 결과를 가져올 것이다. 그러나 이러한 지역주의 경제통합이 WTO체제의 자유주의 원리를 발전시킬 수 있다는 소위 EU모델을 하고 있기 때문에, EU 수준의 경제통합에 이르지 못한 APEC이 이러한 자유화의 세계적 확산에 기여하리라는 기대는 이루기 어려울 것으로 보인다.

지금까지 살펴본 일반적인 문제점들 외에 APEC은 협력체 자체의 여러 가지 문제점을 가지고 있다. 그 중 가장 근본적인 문제는 APEC의 방향에 대한 미국과 여타

---

46) 박기덕(1999), "오클랜드 APEC 정상회의의 의미와 한국의 선택", (세종연구소), p. 5.

아시아의 개도국 간의 갈등이다. 전술한 바와 같이 미국은 1993년부터 APEC에 적극적으로 참여하여 이를 느슨한 협력체에서 일정 정도의 제도화를 갖춘 기구로 발전시켰다. 또한 APEC의 방향도 무역 및 투자 자유화 추진 기구로 집중시켰는데, 당초 이 기구의 핵심의제는 무역 및 투자자유화의 개발협력의 성격을 가진 기술 중심의 경제협력이었다.

이것은 ASEAN 국가들의 경제적 필요를 반영하는 목표였다. 선진회원국들도 회원국 간의 지나친 경제적 격차가 경제협력에 장애가 될 것이라는 인식과 개발협력이 결국 개발도상국가들이 무역 및 투자자유화를 받아들이는 데 도움이 된다는 인식하에서 APEC의 목표에 동의하였다. 그러나 미국이 APEC에 적극적으로 참여하게 되면서 미국은 APEC을 아시아 지역의 무역 및 투자자유화를 추진하는 기구로서 발전시켰고, APEC의 양대 목표 중 하나인 기술경제 협력은 뒷전으로 밀려나 버렸다47).

APEC의 성격이 변질되면서 이에 대한 아시아 국가들의 저항이 시작되었다. 아시아의 개발도상국이 APEC에

---

47) Yamazawa Ippei(1997), "Eco-Tech and FEEEP: APEC's Agenda Yet to be implemented", APEC Roundtable 1997: APEC-Sustaining the momentum, August.

참여하게 된 중요한 이유인 개발협력이 유명무실해지고 오직 자신들의 시장개방만을 추진하는 APEC에 대해서 지지를 보낼 이유가 사라진 것이다. APEC의 다른 문제는 정상들이 모여 실질적인 협력기구로서의 성과를 이끌어내지 못하고 있다는 것이다[48]. 이러한 비판은 APEC이 지닌 제도적 특성에 상당 부분 기인한다. 다시 말해서 APEC은 본격적인 국제기구가 아닌 말 그대로의 협력체이다. 따라서 의사결정방식도 존재하지 않고 합의에 의해 운영되고 있는 것이다. 합의를 통한 의사결정은 결국 여러 가지 제안이 있었으나 실질적 결과를 이루어 내지 못하고 있는 것이다. 또한 어렵게 이룬 합의마저도 구속력도 가지지 못한다. 미국 등 선진국은 '강제적 집행(enforcement)'의 기능을 통한 APEC의 제도적 발전을 주장하지만, 강대국의 종속을 우려하는 ASEAN과 미국 패권주의를 견제하려는 중국의 반대에 부딪혀 느슨한 경제협력체의 수준에서 벗어나지 못하고 있는 것이다.

APEC이 동아시아 국가를 포함하는 역내협력기구임에도 불구하고, 실질적 진전이 없는 것은 APEC의 제도화 노력이 경제적 상호의존에 기반을 두지 않기 때문이

---

48) 대외경제정책연구원 심포지엄(1999), "아태경제의 과제와 오클랜드", APEC 정상회의 보고서, 9월 3일.

다. 미국은 APEC의 발전에 대한 관심보다는 아시아 지역에 대한 패권을 유지하기 위한 수단으로 APEC 정책을 펼쳐왔다. 또한, APEC의 핵심의 제도 기술이전과 같은 상호호혜적인 분야는 제외되고 동아시아 국가의 시장개방에 주로 초점을 맞추고 있다. 미국의 이러한 정책이 지속되는 한, 동아시아 국가들의 APEC에 대한 참여는 일정한 한계를 가질 수밖에 없으며, APEC의 협력기구로서의 발전은 당분간 어려울 것으로 보인다.

지역협력을 위한 지역화 못지않게 지역적 정체성 또는 일체성이 수반되어야 하는데, APEC의 경우 회원국의 범위가 너무 넓어 협력을 위한 적극적이고 유기적 태도를 찾아보기 어려운 상태이다.

(3) 아시아·유럽 정상회의(ASEM)

상대적으로 협력관계가 미약하였던 유럽과 아시아간 협력강화의 필요성이 부각49)되어 성장잠재력이 큰 아

---

49) ASEM 지역의 총 면적은 약 1,743만㎢(전 세계의 11.7%)이며 총 인구는 약 22억 명(전 세계의 39.1%)이다. 북미·EU·아시아는 각각 세계 GDP의 약 34, 29, 19%의 비중을 차지하고 있으며, 세지역의 교역량은 세계 전체의 75% 수준에 육박한다.

시아에 대한 투자를 확대하고자 하는 유럽 측과 거대단
일시장인 유럽에 진출하고자 하는 아시아측이 협력 채
널 구축 필요성에 공감대를 형성하게 되었다. 이에 양
지역은 1994년 싱가포르의 ASEM 창설 제의에 동의하
여 1996년에 ASEM 정상회의를 출범시켰으며, 1996년
제1차 정상회의(방콕)시 제3차 정상회의를 2000년 서
울에서 개최되었다.

ASEM은 아시아·유럽 간 교류협력의 심화가 세계평
화와 번영을 위해 긴요하다는 인식을 바탕으로 지난
1996년 3월 태국 방콕에서 아시아·유럽 25개국 정상
과 EU 집행위 위원장이 참석한 가운데 제1차 회의를 개
최하였다.

아시아, 유럽, 북미는 각각 세계 GNP 규모의 약 1/4
을 차지하면서 세계경제의 3대 축으로 일컬어진다. 그
런데, 이들 지역 간의 관계 중 특히 아시아-유럽 간 관
계는 북미-유럽, 북미-아시아 간의 관계에 비해 상대
적으로 미약한 것으로 인식되어 왔다. ASEM은 바로 이
'약한 고리'를 강화하고 불균형을 시정하기 위해 태동
(胎動)되었다.

이러한 움직임은 유럽이 아시아 경제의 역동성에 주
목하고, 아시아는 통합된 유럽의 거대한 시장잠재력을
인식하고 경영기법 및 산업기술을 이전 받겠다는 의도

로부터 비롯되었다. 그러나 아시아·유럽 간 협력의 상호 이익은 경제적인 이해에만 국한되지 않고, 정치·경제·사회·문화 등 제반 분야에 걸쳐있는 바, ASEM을 통한 양 지역 간 포괄적 협력 관계 강화는 상호 공동 발전은 물론 전 세계의 안정과 번영에 기여할 것을 천명하였다.

ASEM의 구성은 공식적으로는 EU 25개국 및 아시아 10개국의 개별국가들의 포럼이지만 실제적으로는 EU와 ASEAN+3(한·중·일)의 블록 대(對) 블록 (block to block)의 지역 간 포럼으로 볼 수 있다. EU의 경우 공식적인 대표기구라 할 수 있는 유럽집행위(European Commission)가 단일 목소리를 내고 있음에 비하여 아시아 지역의 경우 문화 및 역사적 차이로 인해 EU처럼 동질성이 강하지 못한 점이 지적될 수 있다. 특히, 아시아 회원국의 발전정도가 고르지 못한 점을 감안하면 경제 분야에서의 ASEM차원의 협력을 논할 때 자연스럽게 의견을 조율하게 되는 것이다. ASEM은 정치, 안보, 경제, 문화, 인적 교류 등 제반 분야에서 아시아·유럽 간의 상호 협력과 이해 증진을 통하여 역내 평화 안보 기반을 구축하고 경제적 보완성과 다양성을 최대한 활용함으로써 상호 번영에 기여하는 것을 목표로 삼고 있다.

ASEM은 제도화(制度化)가 바람직하지 않다는 회원국들의 판단에 따라 사무국(Secretariat)과 같은 상설기구를 두지 않고 있다. ASEM은 2년에 한 번씩 아시아와 유럽 간에 번갈아 가며 정상회의를 개최하며, 동 회의의 합의 사항에 대한 이행점검과 차기 정상회의 준비를 위하여 양 정상회의 사이에 외무장관회의 및 각 회원국 외무부 차관보급 관리들 간의 고위관리 회의(SOM: Senior Official Meeting)를 개최하고 있다. ASEM은 지역 간 블록 대(對) 블록의 모임이 아니며, 각 회원국이 개별적으로 참여하는 독특한 성격의 지역 간 대화채널 이라고 할 수 있다. 다만 APEC과는 달리 ASEM의 경우에는 아시아와 유럽 회원국들이 전체회의 개최에 앞서 각각 자체 지역 모임을 가짐으로써 자신들의 입장을 사전에 조율하는 것이 관행으로 되어있다.

제1차 ASEM 정상회의는 '아시아·유럽의 새로운 포괄적 동반자 관계'라는 주제 하에 정치안보 대화, 경제협력에 합의하였다50). ASEM 회원국 정상들은 아시아·유럽

50) 특히 1997년 2월 싱가포르에서 개최된 제1차 ASEM 외무장관 회의에서는 기본적으로 정치 대화의 주제를 제한하지 말것과, 우선 서로에게 있어 덜 민감한 이슈로부터 논의를 시작하여 그 범위와 깊이를 점차 확대해 나가자는 데 대체로 합의하였다. 일단 논의 가능한 주제로서 ARF, KEDO, EU, NATO 등과 유엔 개혁, 군비통제, 마약 거래, 테러리즘, 국제범죄, 환경 등의 범세계적 이슈들이 제시되었다. 배긍찬

간 경제적 동반자 관계가 비차별적 자유화 및 개방적 지역주의에 기초해야 함을 다짐하고, 다자주의 자유무역 체제의 원활한 발전을 위해 긴밀히 협력하고 UR에서 결정된 사항을 이행하는데 함께 노력하기로 합의하였다. 관련 후속 사업들로서 무역투자 고위관리회의(SOMTI), 투자촉진을 위한 민관 실무그룹 회의, 세관 담당자들 간의 회의 등이 개최된 바 있으며, 그 결과 ASEM 투자촉진 행동계획(IPAP: Investment Promotion Action Plan)안이 확정되었으며, 무역원활화 행동계획(TFAP: Trade Facilitation Action Plan)안이 추진되되 있다. 또한 1997년 9월 방콕에서는 제1차 ASEM 재무장관회의가 개최되어 아시아의 통화 위기를 포함한 제반 금융 분야에서의 회원국 간 협력 방안에 관해 논의가 있었으며, 1997년 9월 일본 마쿠하리에서 개최된 제1차 ASEM 경제장관회의는 무역 투자 증진, 민간 부문 간의 제휴, 세계무역기구(WTO: World Trade Organization) 관련 이슈, 인프라개발, 지속적인 경제 개발 등 아시아 유럽 간 경제 협력에 관한 전반적인 협의가 있었다. 한편, 국가간 또는 지역 간 경제관계의 긴밀화에는 결국 민간 기업부문에 의한 무역 및 투자 증대가 우선되어야 한다는 인식하에, ASEM에서는 양

(1996), "제1차 ASEM 경과분석: 제3차 ASEM 유치와 향후 과제를 중심으로", 「주요국제문제분석」 96-16, p. 3.

지역의 민간부문 특히 중소기업 간의 협력강화가 강조
되었다. 1996년 10월에는 파리에서, 1997년 7월 자카
르타에서는 제1차 Business Conference가 개최되어 양
지역 민간부문 간의 연계와 정부부문의 협조 관계를 강
화하는 계기를 마련하였다.

한편 ASEM이 어느 정도까지 제도화될 것인가에 대
해 아직 단정적으로 말하기는 어렵다. APEC에서 나타
난 바와 같이 아시아와 유럽 간의 입장 차이가 ASEM
에서도 되풀이될 것이라는 우려를 하고 있다. 대부분의
아시아 지역의 국가들은 ASEM이나 APEC이 제도적인
기구가 되기보다는 원칙이나 절차를 논의하는 협력체로
발전할 것을 원하고 있다 유럽의 경우처럼 법적이고 제
도적인 접근을 할 경우 개별국가의 경제적 주권이 약화
될 것을 염려하고 있다. 아시아 국가들은 유럽 국가에
비해 여전히 '국가주의적 성향(static inclination)'을
보이고 있다. 따라서 아시아 국가들을 포함하는 지역경
제블록의 성격은 법적·제도적이기보다는 구조적·실
질적인 협력에 기초한 것을 발전할 가능성이 높다.

<표 7> ASEM의 회의별 주요 합의 사항

회차	개최시기	개최지	주요합의 사항
제1차	1996. 3	태국 방콕	· '아시아-유럽의 새로운 포괄적 동반자 관계' 구축에 합의
제2차	1998. 4	영국 런던	· 아시아 경제위기에 대한 구체적인 해결책으로서 ASEM 신탁기금 설치 · 고위 투자 촉진단 파견에 합의함으로써 ASEM이 단순한 포럼이 아닌 가시적, 실질적 성과를 도출하는 협의체로 발전
제3차	2000. 10	한국 서울	· '새천년 번영과 안전의 동반자 관계'라는 주제 하에 정치 대화, · 경제·재무 분야, 사회·문화 분야 등 제반 분야의 협력방안을 협의
제4차	2002. 9	덴마크 코펜하겐	· 유라시아 횡단 철도 구축 계획을 발표 · 트랜스 유라시아 초고속 정보망 사업
제5차	2004. 10	베트남 하노이	· 13개국의 신규회원국들의 승인 · 아시아·유럽 동반자관계의 활성화와 실질화 논의

자료: 외교통상부

이러한 입장의 차이로 인해 ASEM 방콕회의에 임한 유럽과 아시아는 매우 대조적인 접근법을 구사했다. EU 회원국들은 그간의 통합경험을 바탕으로 대 아시아 통상정책을 제시함에 있어서 조율된 의견을 산출하는 데 매우 익숙했다. 이에 반해 다양한 역사적 배경과 다양한 수준의 경제발전 정도를 보이고 있는 아시아는 제 1차 ASEM 회의의 경우에서처럼 단합된 행동을 보이지 못한 채 유럽이 제시하는 것을 절충적으로 받아들이는 경우가 빈번했다. 유럽 국가들은 사전에 충분한 토론을 바탕으로 도출된 합의 사항을 제시하며 일사불란하게 움직였다. 반면에 아시아 국가들은 개별국가들의 이익을 보호하고 증진시키려는 의욕이 아서 매우 분산된 태도로 임했다. 이와 같은 차이는 통상협상에서 특히 두드러지게 나타났다. 유럽 국가들은 무역·투자·WTO 협상 등의 외채를 다룸에 있어 통합적으로 조율된 의제를 제시할 수 있었다[51].

제2차 ASEM 회의에서는 동아시아의 외환·금융위기와 관련하여 정상들은 경제위기가 EU와 결코 무관할 수 없다는 데 인식을 공유하였다. 하지만, 동아시아의 금융위기에 대한 구체적인 지원은 이루어지지 않고 선

---

51) 이연호(1998), "APEC 및 ASEM 외교", 김달중 편 「한국의 외교정책」(서울: 오름), p. 334.

언적인 의미에서만 협력을 천명하였다52).

ASEM의 문제점은 우선적으로 기본목표가 무엇인가에 대한 회원국의 일치가 이루어지지 않는다는 점과 다수의 의제로 인한 협력구조의 복잡화로 APEC의 단순성에 비해 떨어진다는 지적도 받고 있다. 둘째 ASEM이 블록 대 블록의 구조로 운영된다는 점인데, 대상 이슈의 성격에 따라 지역단위체의 기본 입장이 협상과정에서 다양하게 변화되기 때문에 ASEM의 의사결정을 지연시키는 진전 속도를 완만하게 만드는 요인이 된다. 또한 지역단위체 내부에 존재하는 국가간 상이성이 지역단위체 전체의 통합 정도에 영향을 미친다. 또한 이에 따라 협상 입지의 강약이 결정되므로, 그룹 대 그룹의 협력구도 하에서는 단위체 간 결속도의 차이가 협력과정의 진전에 오히려 장애가 되는 경직성을 초래할 수 있다. 셋째, APEC의 유사점과 마찬가지로 개발협력의 측면은 감소되고 ASEM이 동아시아 국가의 유럽시장에 대한 개방 압력의 도구로 활용되거나 APEC과 더불어 아시아 국가의 인권문제에 대한 압력수단으로 활용될

---

52) 이에 따라 아시아-유럽 간 공통의 관심사에 대해 대화를 확대한다는 원칙을 재확인하는 선에서 UN의 제도적 개역문제, 대량 살상무기를 대상으로 하는 군비통제문제 및 EU 확대 등의 정치·군사 문제가 논의 되었다. 이동휘(2000), "21세기 ASEM의 발전 전망과 한국", 「외교」 제53호, (한국외교협회), p. 42.

가능성이 있는 것이다.

(4) 신(新)협력 레짐의 필요성

ASEAN, APEC, ASEM 등 현존하는 기구들이 부분적인 유용성(有用性)에도 불구하고 명백한 한계점을 나타내고 있다. 아시아 국가들이 참여하고 있는 지역협력체들이 정기적인 회의를 가지고 있지만, 구체적인 성과를 내지 못해왔다는 것과 궁극적인 협력의 비전을 제시하지 못하고 있음을 공통적으로 지적할 수 있다.

ASEAN은 AFTA 형성에 대한 합의와 ARF 주도 등 외교적 영향력을 발휘하고 있음에도 불구하고 그 규모와 역량 면에서 NAFTA·EU 등에 절대적인 열세를 보이고 있다. 따라서 개도국 중심의 ASEAN이 선진국 중심의 여타 블록에 효율적인 대응을 하기에는 한계가 있다.

ASEM은 기본적인 구조가 지역협력체라기보다는 지역 간 협력체의 성격을 가지고 있다. ASEM은 EU 국가의 조율된 의견과는 달리 국가적·체계적 상이성(相異性)으로 인해 분열된 아시아 국가간의 협력 부재를 여실히 드러내는 계기가 되었다. ASEM은 또한 금융위기로 격심한 어려움을 겪게 된 아시아 국가들에 대한 역내 국가간의 지지에 초점을 맞추고 있어서 EU의 아시아 진출을 위한 전략적 수단에 그치고 있음을 보여주고 있다. 다만, ASEM의 의의는 최초로 동아시아를 하나의 틀로 인정하고 있다는 점에 있을 것이다. EU에 대응하는 동아시아의 공동정책 협의가 필요로 하게 되었다. 여러 현안들은 '동아시아'라는 지역적 차원의 일체성(一體性)과 시야를 가지게 할 가능성을 높여준 것이다.

유럽과 북미, 그리고 동아시아 지역을 살펴볼 때 통합이나 블록화의 정도에서 유럽이 가장 앞서고 동아시아 지역이 상대적으로 가장 후발상태에 있다고 볼 수 있다. EU의 경우는 이미 집행위원회와 같은 초국가적 성격을 가진 기구가 존재하고 통치권의 공유현상(共有現狀)이 진행되고 있을 정도로 지역협력의 선두주자이다.

EU의 통합이 동아시아 지역의 협력에 주는 시사점들은 어떤 것들이 있는가?

첫째, 동아시아 지역에는 EU의 집행위원회처럼 어느 정도 독자적 권위를 행사할 수 있는 초국가적 기구체가 존재하지 않는다. 전술하는 바와 같이, APEC은 아시아-태평양 지역의 포괄적 지역협력기구이지만 그 권위나 영향력은 아직도 미약하고, ASEAN도 국지적 지역협력기구라는 한계를 가지고 있다.

정부 간 협상의 측면이 강조될 때 필연적으로 등장하는 문제는 협력의 결과로서 이득의 배분이 어떻게 이루어지느냐 하는 점이다. 즉 정치적인 차원의 배분 문제가 등장하는 것이다. 아시아 국가간의 제휴 또는 협력은 거의 경제적 이해관계에 의해서 이루어져 왔다. 정치적 문제를 다룬 경우도 있지만, 앞으로 아시아 국가들은 시장과 노동력·자원·기술·자본을 서로 활용해서 이익을 얻는 형태의 경제조직체를 구성하는 것이 바람직하다. 즉 경제적 이해를 기반으로 결합되어야만 협력이 지속될 수 있고 협력의 효과를 얻을 가능성이 높다.

동아시아 국가간의 역량을 결집하기 위해서는 정부와 기업의 역할이 적절하게 구분될 필요가 있다. 정부가 지도력을 발휘하고 필요한 여건조성 역할을 하면 기업은 국가 또는 지역 간 협력과 통합적 기능을 수행하는 것이다. 유럽은 아시아보다 제도적 통합의 수준이 앞서 있다. 유럽 국가들은 개별국가들의 역사적 특수성에도 불구하고 지역적 인접성을 통한 교류를 꾸준히 진행하여 왔고, 마침내 유럽적 정체성을 형성하는 데 성공하여 유럽통합 작업을 진행시키고 있다. 통합된 단일시장을 갖고 있고 단일통화, 중앙은행 그리고 공통의 외교정책과 안보정책을 수립하는 단계에 이르러 있다. 이에 비해 아시아의 제도적 통합은 그보다 훨씬 뒤떨어져 있다. 아시아라는 광범위한 지역 내에는 수 없이 다양한 문화적·역사적 이질성이 산재(散在)되어 있다. 종교적 측면에서 동남아시아는 불교와 이슬람교의 전통이 혼재되어 있고 동북아시아는 불교와 유교적 적 전통이 혼재되어 있을 뿐 아니라 경제적 발전의 단계 또한 매우 다양하다.

이와 같이 아시아(태평양지역을 포함하더라도) 지역에서 제도화된 경제협력체가 생성되지 않은 첫 번째 이유로는 이 지역의 국가들이 국제협력의 고양(高揚)을 위한 공식적 기구 없이도 세계 어느 지역보다도 급속한 경제성장을 이룩하였기 때문이다. 전후(戰後) 자유로운 교역이 가능했던 GATT체제 하에서 아시아의 개발도상국들은 세계시장에서 별다른 제재를 받지 않은 채 상품을 수출할 수 있었으며, 또한 IMF 등 국제금융기구가 제공하는 금융서비스와 개발차관의 혜택도 받고 있었다. 결국 아시아 지역의 많은 국가들이 이러한 호의적인 국제 환경 속에서 차관도입과 수출지향적 정책의 추진을 통해 괄목할 경제발전을 이룩할 수 있었던 것이다. 더욱이 이 지역의 경제성장은 각국 정부의 대외지향적인 정책성향에 힘입은 바도 크지만 기본적으로는 민간

부문이 주도한 시장 메커니즘이 결정적 역할을 하였기 때문에 특별히 정부 간 협력을 제도화 할 필요성을 크게 느끼지 못했던 것이다.

둘째, 아시아 국가들의 제도화에 대한 거부감을 갖고 있다는 데 그 이유를 찾을 수 있다. 이는 이 지역 국가들의 다양성에 기초한다. APEC의 회원국을 볼 때 이는 자명(自明)하게 드러난다. 우선 국력의 크기에서 APEC 회원국은 경제적, 군사적 초강대국인 미국을 위시하여 인구대국인 중국, 경제대국인 일본이 있는가 하면 도시규모의 싱가포르와 인구 28만의 브루나이 같은 소국(小國)들로 포함되어 있다. 경제발전의 수준에서도 APEC 회원국들은 최첨단기술을 보유하고 1인당 GNP가 4만 달러에 달하는 고도산업국가로부터 1인당 GNP가 300 달러에 불과한 개발도상국에 이르기까지 큰 격차를 보이고 있다. 종교 및 문화적 전통에서도 동서양의 가치관이 대립과 갈등을 겪는 경우가 많을 수밖에 없다.

APEC은 남북갈등(North-South Conflict)과 동서갈등(East-West Conflict)이 혼재(混在)하고 있으며, 이러한 다양성과 상호 이질성은 제도화의 가장 큰 요인으로 꼽히고 있다. 우선 남북갈등의 차원에서는 개발도상국들이 선진산업국들의 제도화 추구를 통해 지배의 영속화를 꾀하는 것을 경계하고 있다53). 또 APEC이 공식

적 의사결정기구로서의 면모를 갖추는 것과 구속력 있
는 결정을 내릴 수 있는 권한을 부여받은 것에 대하여는
아시아 국가들이 적극 반대하고 있다. 그러므로 의사결
정과 문제해결의 방식에 대한 동서양의 선호체계가 달
라 절차상의 문제에 대한 합의가 어려운 실정이다.

　이처럼 동아시아 지역은 경제구조나 역사, 문화 등에
있어 여타 지역보다 많은 다양성을 지니고 있어 그 다양
성을 인정하는 토대 위에서 협력을 추구하기 위해 구속
력이 있는 협정이나 제도적 장치를 마련하기보다는 회
원국 간 대화 및 협의를 목적으로 하는 비공식 협의체로
운영되어 왔으며, 또한 의사결정 과정의 비효율성이 문
제점으로 지적되고 있기도 하다.

　따라서 지금까지는 위와 같은 제약요인으로 인해 아
시아 제도화 노력이 미진한 실정이었고, 현실화되지 못
하였다. 그러나 다음 장에서는 동아시아 협력에 관한
정치적·경제적 변수를 광범위하게 살펴봄으로써 동아

53) 특히 미국에 대한 개발도상국의 우려를 가장 강력하게 표시
　해 온 국가는 말레이시아다. 말레이시아는 이미 1990년 미국
　을 제외한 동아시아 국가들로 구성된 EAEC의 설립을 제안
　하였으며, 미국의 제안으로 1993년 Seattle에서 개최된 첫
　번째 APEC 경제지도자 회의에는 미국이 주도권을 장악하려
　는 의도를 가진 것으로 간주하여 마하티르 수상이 참석을 거
　부하기도 하였다. 최진우(1997), "지역경제블록과 한국", 「국
　제정치경제와 한반도」, (박영사), p.310.

시아 협력의 제도화에 대한 필요성과 가능성을 어떻게 증가시켰는가를 살펴보고자 한다.

제3장 동아시아 지역협력의 정치경제 변수

제1절 동아시아 지역협력의 정치적 변수

(1) 패러다임의 변화

세계경제는 이미 1980년대 말부터 패러다임의 변화기에 진입하였다고 할 수 있다. 냉전시대의 서방선진국들은 안보논리에 입각하여 공산주의의 확산을 막고자 개도국들에 대해 경제개발 및 무역 등에서 우대정책을 실시해 왔었다. 그러나 냉전체제 붕괴 이후 서방세계는 개발도상국에 대해 자본시장 개방을 요구하고 시장경제 원칙의 적용을 종용하였다. 냉전체제라는 '보호막' 아래에 있던 개도국들에 대해서 국제자본의 수익률 게임이 엄격히 적용되었던 것이다.

1990년대 들어 개도국의 자본시장 개방추세를 편승하여 미국 등 서방세계의 투기자본이 개도국들로 대거 이동하게 되었다. 이 과정에서 투기자본의 대명사인 헤지펀드(hedge fund)는 진출국가의 경제가 흔들리면, 실물경제와 금융지표 간 괴리(乖離)를 포착하여 집중 공략하게 되고, 이러한 패러다임 변화에 대응하지 못하는 국가는 국제금융계에서 투자 부적격국가로 전락하게 되는 것이다.

미국과의 전략적 동맹 관계로 경제 성장과 번영을 누려왔던 동아시아 국가들은 이제 미국의 무차별적인 시장개방 압력과 무역보복을 당하게 되었다. 동아시아 국가들은 이러한 변화 속에서 미국이 단순한 우방과 원조국이라는 기존의 수직적 관계에서 탈피해야 할 필요성을 절감하게 되었고, 역내 국가간 협조관계의 중요성과 관심이 증대되었던 것이다.

안보이익 중심의 양극체제(兩極體制)가 퇴조하고 자국경제이익 중심의 다극체제(多極體制)가 형성되면서 국민국가(nation-state)가 경제국가(economy-state)로 대체되고 있다. 그 결과 국제관계에 있어서 안보문제를 비롯한 정치 이슈들은 지역 문제나, 국내문제 차원으로 격하되고 있다. 이에 비하여 과거 정치적 이슈에 밀려나 있던 환경·무역·에너지 등의 경제문제는 지구적 차원(global level)으로 격상되고 있다[54]. 탈냉전이라

---

54) Krugman, P. (1995), "Growing World Trade: Cause and Consequences", *Brookings Papers on Economic Activity*, No.1, pp. 332~335.

는 새로운 상황에 적절한 용어와 개념을 이해하고 적응하지 않는다면 급변하는 환경에서 이탈되고 위기에 빠지게 될 수도 있는 것이다.

탈냉전은 또한 세계경제질서에 구조적이고 근본적이 변화를 가져왔다. 그것은 전후(戰後) 세계경제의 인식 틀로서의 소위 '세계의 삼분 구조(三分構造)'를 해체시켰다고 하는 점이다. 전후(戰後) 세계경제를 인식함에 있어, 각국의 경제체제, 발전단계 그리고 전전(戰前)의 식민 지배 수탈의 역사적 관계 등을 기준으로 하여 Ⓐ 서구 선진 자본주의 시장경제 Ⓑ 동구 사회주의 계획경제 Ⓒ 신생 개발도상국 경제의 세 가지 카테고리로 구분할 수 있다. 즉 전후세계는 위의 Ⓐ와 Ⓑ 사이를 체제론적 관점에서 동서관계(East-West Relations)로 그리고 Ⓐ와 Ⓒ 사이를 발전단계론적 관점에서 남북관계 (North- South Relations)로 이해하여 이 두 가지 대립과 갈등 및 모순관계를 중심으로 돌아가는 기본 틀을 형성해 온 것으로 인식되어 왔다. 그런데 냉전체제의 붕괴는 위의 Ⓐ와 Ⓑ 사이의 동서관계를 허물어버리는 결과를 초래하였다. 이로써 동구권의 사회주의 계획경제는 종식되고 서구의 자본주의 시장경제체제에 편입되는 결과를 가져왔고, 이러한 동서관계의 소멸은 Ⓐ와 Ⓒ 간의 남북관계에도 매우 중요한 변화를 불러왔다. 종전의 남북관계는 기본적으로 남측의 빈곤의 해소, 경제개발의 지원, 교역조건의 개선 등 북측의 대(對)남측 지원을 둘러싼 남측의 일방적 요구의 성격이 강하였다. 그런데 동서관계의 붕괴는 남-북 양자 간의 이러한 강성(强性)의 대립적 관계를 상호 협조적인 우호적 관계로 발전시켰다.

동구 계획경제의 서구 시장경제로의 편입과 중국・베트남 등 아시아 사회주의경제의 시장경제화 그리고 남측의 대부분의 개발도상국의 시장경제화는 세계가 하나의 거대한 시장경제체제로 급속하게 통합되는 과정을 밟게 하였다. 이로써 세계는 하나의 시장을 중심으로 국경을 초월한 치열한 무한경쟁을 벌이는 시대가 열리게 되었다[55].

세계적인 냉전종식은 동아시아의 국제관계에 있어서 구조적인 변화를 가져오게 하였다. 냉전시대에는 이념적 갈등과 강대국 간 경쟁으로 특징 지워지는 비교적 단순한 관계구조를 갖고 있던 이 지역이 소련연방의 붕괴와 미・소 양국의 전략적 경쟁관계의 해소, 인도차이나와 ASEAN, 미국과 베트남, 중국과 베트남 등의 관계가 개선됨으로써 보다 복잡한 관계가 형성되었는데, 이는

---

55) 이대균(1998), "세계경제질서 변화와 아시아적 대응이론", 「IMF 극복의 정책과제」(서울: 삼성경제연구소), p. 8.

경제적 이해관계가 크게 작용하고 있다고 하겠다56). 그리고 이러한 관계구조의 변화로 인하여 국제체제가 양극체제에서 다극체제로의 전환됨에 따라 동아시아 국가들도 기존의 양자주의를 보완하기 위해서 다자주의에 대한 관심을 증가시켰다57).

따라서 이제 동아시아 지역의 국가들은 지역의 문제를 동서대결이라는 시각에서 볼 필요가 없게 되었다.58) 그 결과 이 지역의 국가들이 독자적인 정책을 취할 수 있는 여자가 커졌다. 그렇지만, 냉전 종식 이후에도 동아시아의 지역질서에는 변화와 계속성이 공존한다. 또한 향후 이 지역에서의 질서재편의 보다 구체적인 방향은 북한의 변화 추세와 남북관계, 중국과 베트남에서의

---

56) 변창구(1999), 「ASEAN과 동남아국제정치」(서울: 대왕사), p. 120.
57) 아태지역의 다자주의에 관한 다양한 모델이 제안되어 왔는데 Acharya는 그것을 네 가지로 유형화하고 있다. 즉 ① 공동 안보 모델(common security model) ② 협력안보모델(cooperative security model) ③ 유연/임시 다자주의 모델(flexible/ad hoc multilateralism model) ④ 아세안방식의 모델(ASEAN) way model) 등이다. Acharya Amitav(1995), "ASEAN and Asia-pacific Multilateralism: Managing Regional Security", in Acharya Amitav & Sturbbs Richard(ed), *New Challenge for ASEAN* (Vancouver: UBC Press), pp. 182~189.
58) Gainsborough, Martin(1994), "Indochina: From Confrontation to Cooperation", *World Today*, Aug-Sept, Vol. 50, No.8-9, pp. 161~163.

권력승계, 그리고 러시아와 일본 간의 관계 등에 의해서 다시 영향을 받게 될 것이다. 이러한 변화와 계속성의 공존 상황은 동아시아 지역에 새로운 협력의 필요성을 제기하게 하는 것이다.

새로운 레짐의 형성은 아시아 사회주의권 국가의 안정적인 체제전환과 돌출적인 상황의 억제라는 양면적 이익을 기대할 수 있게 한다. 역내 한 국가의 불안정도 역내 전체의 불안정을 쉽게 가져올 수 있는 상황에서 지역협력의 필요성은 냉전시대에 비해 크게 증가한 것이다.

냉전종식 이후 동아시아 지역의 전략질서에 많은 불확실한' 요인들이 존재하지만, 냉전의 종언이 이 지역의 주요 행위자 간의 관계에 변화를 가져온 것은 분명하다. 소련의 영향력 약화는 미국을 세계 유일의 초강대국으로 남겨놓았다. 그러나 러시아의 위협이 감소함에 따라 미국에 대한 동아시아 지역 국가들의 안보 의존도가 감소했으며, 따라서 소련에 대한 봉쇄를 명분으로 이 지역에 주둔해왔던 미군(美軍)에 대한 지지도 약화될 수밖에 없다. 이처럼 동아시아 지역에서 미국과 러시아의 비중이 감소함에 따라 냉전시기 이 지역에서 유지되었던 초강대국 중심의 대결과 경쟁구도도 변화가 불가피하게 되었다. 미국과 러시아의 영향력이 약화됨에 따라 앞으로 이 지역에서 전개될 절서재편에서는 지역 국가들의 중요성이 증대될 것이 자명하다.

동아시아 지역도 세계 다른 지역에서와 마찬가지로 탈패권과 WTO체제의 구조적, 제도적 조건들의 제약성을 공통적으로 맞고 있지만, 이를 더욱 강력하게 대응해야 할 필요성이 있다. 현재 동아시아 국가의 대부분은 탈패권과 탈냉전의 복합적 결과로서 미국이나 유럽으로부터 보다 엄격한 상호주의에 근거하여, 자유주의 경제질서 유지에 대한 대가의 지불을 요구받고 있다. 즉 북미나 유럽에서와 동등한 정도로 관세와 비관세장벽을 인하거나 감축하고, 시장개방을 더욱 확대해야 하는 피할 수 없는 압력에 직면하고 있는 것이다. 이러한 엄격한 상호주의와 보다 철저한 자유주의경제질서에 대한 압력은 세계적으로 공통적인 추세이기는 하지만 그 동안 특별한 혜택을 누려왔던 동아시아 지역에 대해서 더욱 강하게 요구되고 있다.

그러나 동아시아 국가들의 개별적인 대응은 효과적이지 못했으며, 오히려 미국에 대한 의존으로의 회귀나 개방요구에 대한 수용에 그치게 되었다. 다자주의 원칙은 동아시아 각국이 국제관계에서 직면할 수밖에 없는 국가간 힘의 불균형 하에서 쌍무적 혹은 일방적 압력과 위협을 분산시킬 수 있는 제도적 장치로서 기능할 수 있다. 그러므로 자유무역, 세계화, 다자주의로 요약될 수 있는 현 국제질서는 동아시아 국가들에게 하나의 기회라고 할 수 있는 것이다. 유럽이나 미국에 비해서 상대적으로 불리한 상호의존 관계에 있는 동아시아 국가들은 무역관계를 다변화하여 특정지역에 대한 의존도의 비율을 낮추거나, 특정부분에 대한 압도적 경쟁우위를 개발하여 상호의존의 양적 변화보다는 질적 변화를 추구 하든가, 아니면 동아시아 지역협력을 추진하여 하나의 협상단위로서 행동하는 방법 중 하나를 선택해야 할 기로에 놓여 있는 것이다. 전자(前者)의 경우는 단기적으로 달성하기는 쉽지 않은 문제이며, 후자(後者)의 전략을 우선적으로 채택하면서 동시에 장기적으로 경쟁우위의 확보와 특정국에 대한 상호의존을 감소시키는 방향으로 나아가는 것이 바람직하다.

분명, 탈냉전으로 인한 패러다임의 변화는 동아시아 지역협력 구도에 근본적인 변화를 가져왔다. 앞에서 언급한 바와 같이 사실 다양한 동아시아 지역협력을 위한 시도에도 불구하고 냉전시기에는 이념과 안보문제들이 민감하게 작용할 수 없어 대부분의 시도가 무산되어 왔다. 그러나 탈냉전으로 군사·안보 문제보다 경제문제가 국가관계의 핵심으로 등장하게 됨으로써 동아시아 국가의 지역협력 문제는 실현 가능성이 크게 증대되었다. 예를 들어, 인도차이나 사회주의권 국가들의 ASEAN 가입, 중국의 한국 및 동남아 국가들과의 수교(修交) 등 그동안 적대국가간의 관계가 크게 개선되었다. 물론 잠재된 분쟁의 요소들은 여전히 존재하지만, 전체적으로 탈냉전은 동아시아 지역협력의 긍정적인 요소로 작용하고 있음을 알 수 있다. 또한, 냉전 시 동아시아 지역의 헤게모니를 양분했던 미국과 소련의 퇴조는 지역협력 문제의 주도권을 역내 국가들이 갖게 됐다는 점에서 큰 변화를 보이고 있는 것이다.

(2) 헤게모니의 다극화

제2차 세계대전 이후 국제경제질서는 미국의 패권안정화에 의해서 주도되었다. 이는 물론 냉전의 관리라는 미국의 거시적 국사안보 전략과 밀접하게 연계되어 추진되었다. 미국은 금본위의 달러화를 기축통화(基軸通貨)로 하는 국제통화제도를 구축하여 자유무역을 촉진하고 관리하기 위해서 GATT체제를 출범시켰다. 또한 IMF, World Bank를 중심으로 하는 국제금융제도를 주도적으로 건설했다. 그러나 패권 안정화에 의한 자유주의경제질서는 1971년 닉슨 행정부의 달러화의 금태환 (金兌換) 중지 선언과 1973~1979년 사이에 진행된 GATT체제의 도쿄라운드(Tokyo Round)에 이르러 점점 약화되었다.

미국 주도의 패권안정화는 1980년대 이후 더욱 이완 (弛緩)되었다. 미국은 레이건 행정부 이후 누적된 무역 적자와 세계 최대의 채무국의 오명을 벗어나지 못하고 있다. 미국의 패권적 지위는 미국 자체의 문제뿐만 아니라 EU 및 일본, 동아시아 신흥공업국가들의 급속한 경제성장으로 상대적으로도 쇠퇴하였다59). 미국 경제력의 약화는 자유주의 국제경제질서를 유지·관리하는 데 필요한 비용을 지불하기가 힘들게 되었다는 것을 의미한다. 미국은 국제경제질서를 주도적으로 관리하려는 의도에도 불구하고 그 능력에 있어서 제약될 수밖에 없게 되었다.

그러면, 탈패권의 구조적 조건은 국제정치경제에 어떠한 특징을 보이고 있는가?

첫째, 전후 패권안정화에 의해서 제공되던 국제경제질서의 지도력 혹은 '강제적 협력(coercive coopera-

---

59) 미국은 세계경제에서 차지하는 비중이 1965년 34.3%에서 1990년 24.2%로 감소했다. 이에 비해서 미국 경제력에 대한 EU 경제력의 상대적 크기는 같은 기간 동안 65.7%에서 114.1%로, 일본 경제력은 13%에서 54.6%로 증대하였다.

tion)'의 상실이다. 미국은 전후 막강한 군사력과 경제력을 기반으로 지도력을 행사하거나 혹은 패권적 협력을 강제함으로써 국제정치경제의 안정성과 지속성을 구축 해왔다. 그러나 미국의 패권 약화와 유럽과 동아시아의 상대적 강화로 인해서 이러한 패권안정화는 점진적으로 해체 되어갔다. 국제관계의 확장은 또한 국제관계에서 적극적 행위자의 수를 증가시켰다. 냉전의 위계적 균형체계가 깨어짐으로서 양 진영의 국가들의 과거 양극구조의 틀을 벗어나 적극적 행위자로서 국제관계에 적극 참여하고 있다. 탈냉전이 국가의 절대적 수를 증가시키지는 않았지만, 구조적 제약이 제거됨으로써 지구상의 대부분 국가들이 적극적 행위자로서 등장하고 있다는 것이다. 적극적 행위자로서 국가의 수가 증대했을 뿐만 아니라, 국제기구들의 위상과 역할이 새롭게 강화되고 있다. 냉전 하에서 미국·소련 간의 동서갈등 및 선진국과 후진국 간의 남북갈등 등으로 제 기능을 발휘하지 못하던 UN의 역할과 영향력이 새롭게 부각되고 있다. 다른 한편 환경, 이민, 이주, 생태계 보전, 해양 및 우주의 개발 등 진정한 의미의 국제적 협력을 필요로 하는 새로의 의제들이 인류에 대한 심각한 도전으로 등장하게 됨으로써 관련 전문국제기구들의 중요성이 더욱 부각되고 있다.

둘째, 이러한 새로운 협력의 제도화는 WTO체제의 형성으로 일단 충족되었다. 그러나 협력 산출의 메커니즘은 패권안정화가 아니라 '과두안정화(寡頭安定化)(oligopolistic stability)'의 특징을 보이고 있다[60].

미국 헤게모니체제의 해체로 결국 세계체제는 '다중심(多中心)체제(multicentric system)'로 전환하게 된 것이다. '다중심체제'는 세계체제론의 개념으로서 한국가가 절대적 힘의 우위를 지키는 헤게모니체제와는 달리 세계체제의 핵심부에 단일 헤게모니가 없는 상태, 즉 그 핵심부에 비슷한 경제력을 갖는 다수의 핵심세력들이 공존하면서 갈등하는 세계체제적 편제라 할 수 있다. 다중심체제로 전환한 오늘날 세계체제는 단일 헤게모니가 없는 상태인 가운데서 미국, 일본, EU 사이의

---

60) 과두안정화(寡頭安定化)란 패권부재(不在) 상황 하에서 협력이 가능한 최소한의 국가간에 협력이 이뤄지고, 그 외의 대부분의 국가들은 이들 과두집단 국가들과의 협상을 통하여, 협력의 전반적 틀에 전부 혹은 일부 참여하는 형태의 국제제도 형성 메커니즘을 의미한다. 여기서, 과두 집단 국가들은 서로 간에 국력의 유사성을 보이며, 따라서 비교적 합리적 선택의 결과로서 협력의 제도화에 합의한다. 그러나 과두집단 외부의 국가들은 합리적 정책 결정에 딸서 적극적 협력으로서 참여하기도 하고, 과두제적 강제에 의해서 방어적 협력으로서 참여하기도 한다. WTO체제의 형성은 이러한 과두안정화의 특징을 전형적으로 보이고 있다. 이호철(1996), "국제정치경제질서의 변화와 동아시아" 「동아시아 신질서의 모색」(경남대학교 극동문제연구소 편), pp. 88~89.

투쟁이 치열하게 전개되는 양상을 보여주고 있다61). 현
세계경제체제에 있어서도 미국은 단일 패권국가로서의
국력은 있으나 세계경제의 리더십이 발휘되기 어려운
상황에 있다. 일본은 정치리더십의 부족, 취약한 금융
시스템 등 국내문제에 발목이 잡혀있어 아시아 경제위
기 해결에 소극적인 태도를 보이고 있다. 유럽 국가들
역시 1999년 유로화 출범 이후의 적응에 주력하고 있어
대외문제의 개입을 자제하고 있다.

다중심체제로 전환한 현 국면 세계체제는 다른 역사
적 다중심체제와 유사하게 그 핵심부에 단일 헤게모니
가 없는 상태여서 다중심 간의 투쟁이 치열하게 전개되
는 양상을 보여주고 있다.

탈냉전은 탈패권적 경제구조를 가속화시켜 미국(달
러경제권), 일본(엔화경제권), EU(유로화경제권) 등의
다극체제를 낳았다. 따라서 국제질서 유지에 긴요한
공공재(公共財)를 공급할 만한 패권적 리더십이 존재
하지 못하고 있다. 패권적 리더십을 대체할 만한 집단
지도체제 또는 세계정부의 출현 가능성도 매우 희박하
다. 3극은 치열한 경제적 경쟁국이므로 이해관계가 상

---

61) 현 다중심체제의 주요 행위자는 미국, 일본, 그리고 EU이라
　　할 수 있고 이를 「3극체제」라고 부르기도 한다. 이수훈
　　(1996), "현 국면 자본주의 세계경제의 성격", 「동아시아 신
　　질서의 모색」(경남대학교 극동문제연구소 편), p. 16.

이(相異)할 뿐만 아니라 협력체제에 필수적인 공공재의 분담 가능성도 불투명하기 때문이다. 결국 국제질서를 이끌어갈 수 있는 리더십의 공백상태가 지속될 수밖에 없게 된 것이다. 글 결과 자유주의 국제경제질서는 위기를 맞고 있다. 거대한 '무책임 영역(a huge zone of irresponsibility)'이 출현하여 자유주의 국제질서를 위협하고 있는 것이다. 세계경제는 개인관계나 국제관계에 적용되는 책임성의 규칙이나 합법성의 원리에 제약받지 않고 통제 불능의 상태 또는 자연 상태로 변질되고 있다. 따라서 국제경제질서를 안정화 할 수 있는 룰도 약화되어 그만큼 각국 간의 무한경쟁은 더욱 가열될 수밖에 없게 된 것이다[62].

과두안정화로 지칭되는 탈패권이 가장 극명하게 나타나는 지역이 동아시아다. 동아시아 패권을 양분했던 미국과 소련의 쇠퇴와 중국·일본의 부담은 세계 어느 지역보다도 과두적인 형태를 띠고 있다고 할 수 있다. 동아시아 지역협력의 장애물로 지적되어 온 미국의 영향력은 상대적으로 약화되고, 역내 국가들이 주도권을 갖게 됨으로써 협력문제에 대한 보다 실제적인 논의가 진행될 수 있는 여건을 마련하게 된 것이다.

---

62) Hoffman Stanley(1995), "The Crisis of Liberal Internationalism", *Foreign Policy*, No. 98, pp. 175~176.

각국이 다극화된 국제관계 속에서 국익을 극대화하고
자 선호하고 있는 수단 중의 하나가 경제블록이다. 일반
적으로 역내 국가간에는 시장규모의 확대, 생산요소의
자유로운 이동 등을 보장하는 자유무역을 지향하면서도
역외 국가들 에게는 고도의 배타적 민족주의를 지향하
려는 움직임이 경제블록의 본질이다.

또한 역내 자유주의와 역외 보호주의의 결합체가 경
제블록인 것이다. 세계 3극 중 미국은 NAFTA, 유럽은
EU라는 보호 장치를 마련한 것에 비해 동아시아는 그
러한 장치가 부재함이 더욱 명확하게 나타나고 있는 것
이다.

미국의 상대적 힘과 지도력의 약화로 인한 위상의
약화는 미국이 추구해 오던 다변주의적 자유무역질서
의 유지를 위해 행사할 수 있는 가용 자원이나 제재
능력이 감소했다는 것, 그리고 이를 위한 미국의 의지
자체도 약화되었다는 것을 의미한다. 따라서 미국은
1950년대나 1960년대의 경우와 같이 더 이상 단기적
인 개별적 국가 이익의 추구보다 장기적인 국제무역
질서의 안정과 다변주의의 유지에 우선순위를 둘 수는
없게 되었다.

다음으로 중요한 이유는 일본과 관련된 것이다. 전후
일본은 급속한 성장을 거듭하여 미국의 상대적 힘을 약

화시킨 것이 사실이다. 그러나 보다 중요한 점은 일본
이 취해 온 경제발전의 패턴이다. 일본은 후발(後發) 자
본주의국가로서 신중상주의적 행위 패턴을 유지해 왔
다. 국내적으로는 국가의 민간 기업에 대한 영향력이
지대했다63). 대내외적으로는 자유주의적인 세계무역
환경을 최대로 이용하여 해외시장 진출을 시도하면서도
대내적으로는 유치산업(幼稚産業) 보호를 위해 국내시
장을 폐쇄했다. 이러한 신중상주의적 행위 패턴을 유지
해 온 결과 일본은 경제적 준(準)패권국의 지위에까지
도달했음에도 불구하고 과거의 행위 패턴에 관성적으로
집착하거나 새로운 행위 패턴으로의 변화의 속도가 느
렸다. 이는 일본의 구조적인 무역흑자의 누적을 낳았고,
미국은 이러한 경제적 불균형을 GATT와 같은 기존의
국제무역 기구를 통해 해결하려고 하기보다 일본에 쌍
무적으로 압력을 가해왔다. 즉 일본이 그 위상의 변화
에도 불구하고 신중상주의적 정책에 계속 집착한다는
사실 자체가 많은 미국인들에게 일본 자본주의가 서구
의 자본주의와 질적으로 다르다는 인식을 심어 주어 반
(反)일본 감정을 더욱 자극했고, 이 때문에 다변주의보
다는 쌍무주의 또는 일방주의적으로 문제를 해결하게

---

63) Johnson Chalmers(1982), *MITI and the Japanese Miracle*(Stanford:
Stanford University Press).

만들었던 것이다. 이 과정에서 GATT 무역질서 다변주의 원칙이 약화되고 일방주의적인 무역관행, 관리무역화, 지역주의화 등의 경향도 강화되었다.

탈패권의 경향으로 인한 3극체제 역시 동아시아 지역협력의 촉진을 가져오게 하였다. 미국의 패권으로 상대적으로 자율성을 갖게 된 EU 국가들은 폐쇄적 블록주의를 더욱 강화하고 있다. 이에 대응하기 위해 미국은 전통적인 다자주의를 포기하고, NAFTA의 형성과 APEC의 강화로 EU를 견제하게 되었다. 세계경제의 3대 축인 일본의 경우 동아시아 지역협력을 추진함으로써 미국시장의 상실과 아시아 국가들의 부정적 반응을 우려해 지역주의에 소극적인 모습의 띄어왔으나, 새로운 헤게모니로 등장하고 있는 중국(中國)과 원만한 합의를 이룬다면 큰 진전을 보일 가능성이 높게 된 것이다. 역내 여타 국가들은 특정한 국가에 패권이 집중되는 것보다 중일 협력관계를 선호될 가능성이 높으며, 이는 동아시아 지역협력의 형태가 종속적 동맹보다 국가간 수평적 협력관계의 형태를 갖게 할 것이다.

(3) 세계화와 지역화

가. 상품과 자본의 세계화

탈냉전 이후 경제적 측면의 큰 변화는 상품의 국제적 이동뿐만 아니라 모든 생산요서의 이동도 더욱 자유로워지는 단일 세계시장의 형성 움직임이 강력하게 나타났다는 점이다. 이른바 글로벌화(globalization)의 이름 아래 ① 상품 ② 자본 ③ 서비스 ④ 인적자원의 네 가지 요소의 자유로운 이동을 보장하는 '국경 없는 경제(borderless economy)'의 형성 움직임이 그것이다.

이러한 흐름을 반영하여, 1995년 1월에는 새로운 세계무역기구로서 WTO체제가 출범하게 되었다. GATT체제로부터 WTO체제로의 전환은 탈냉전 이후 세계경제 변화과정에서 매우 중요한 의미가 있는 것이다. 그것은 국민경제의 개방화와 관련한 국제화의 개념을 바꾸어 놓았다는 점이다. GATT체제하에서의 국제화는 기본적으로 상품거래의 자유화, 곧 국민경제의 틀을 전제로 한 '국제무역의 자유화'를 의미하는 개념이었다. 그러나 WTO체제하에서는 위의 네 가지 요소의 자유로운 국제거래를 추구하는 것이다. 다시 말해서 국민경제의 틀을 벗어나는 '생산의 세계화(글로벌화)' 개념으로 바뀌게 되었다는 것이다.

지역적－국제적 이동의 유연성(flexibility)의 극대화를 추구하는 체제의 확산과 더불어 이윤 획득에 보다 유리한 조건을 지닌 지역과 국가로의 자본의 공간적 이동이 크게 촉진되었다[64]. 자본이동의 가속화가 가져온 자본국제화의 이러한 추세는 생산의 지리적 배치를 크게 변화시켰을 뿐만 아니라, 기업 차원은 물론이고 국가간 국민경제의 상호의존성을 크게 촉진시켰다. 이와 관련하여 현재 논의되고 있는 세계화란 1970년대 중반 이후부터 조성되기 시작한 세계자본주의의 구조적 불황을 배경으로 선진자본주의 체제에 의해 가소화된 자본과 생산의 국제화에서 비롯된 것이라고 할 수 있다.

자본과 생산의 세계화와 관련하여 1980년대 이후에 나타난 특징적인 현상의 하나는 정보통신혁명 등 첨단 과학기술에 힘입어 기술적 우위를 저개발국의 낮은 임금과 결부시켜 공급과 생산을 위한 하나의 단위로 조직

---

64) 1980년대 중반 이후 외국인의 직접투자(FDI)가 크게 증대하기 시작했다. 자본수출은 1984~1987년 사이에 3배 이상 증대했으며, 1988년에 소폭적으로 증가한 이후 1989년부터는 다시 비약적인 상승세를 보였다. 이 과정에서 주요 선진국들은 자본수출국인 동시에 자본 유치국으로 변모하였는데 자본수출의 80%, 자본유입의 60%를 점유하였다. 김세균 (1996), "세계 자본주의와 한국", 「동아시아 신질서의 모색」 (경남대학교 극동문제연구소 편), p. 54.

함으로써 '생산의 유연화'를 전 세계적 수준으로 극대화시키는 '지구적 공장'(global factory)이 본격적으로 출현하였다는 점이다. 이러한 지구적 공장은 전 세계로 분산된 생산 활동을 중심부의 모기업이 조정 통제하면서 최대의 이익을 추구하는 일종의 '국제적 복합기업' 내지 '네트워크기업'의 형태를 띠고 있다. 그리고 생산의 세계화를 가져온 글로벌 기업들과의 경쟁을 보다 효율적으로 전개할 목적으로 조직된 하나의 다국적 기업이 해당 분야의 지도적 경쟁업체와 일시적으로 또는 명시적으로 구분된 부문에서 서로 협력하는 '전략적 파트너십(strategic partnership)'을 맺기에 이르렀다. 이러한 전략적 파트너십은 경쟁의 압력이 크게 증대한 전자, 전기, 이동통신 부문에서, 그리고 자동차 산업이나 기타 전통적인 산업 분야에서도 이루어졌다. 그리고 이 시기에 이르러 자본의 국제화가 가장 급속하게 이루어진 분야는 금융산업 부문인데, 국제 금융의 거래 총액은 매일 전 세계 상품교역의 25배에 달할 정도로 발전하였다.

자본과 생산의 국제화·세계화를 주도한 것은 초국적 자본들이었다. 이로 말미암아 자본과 생산의 국제화·세계화가 더 한층 진척되면서 세계자본주의의 체제는 명실상부하게 서로 경쟁하는 초(超)국적자본들의 지배체제로 변모하였다. 이는 국가간의 경제적 상호의존성을 증대시키고 세계자본주의에 대한 초국적 자본들의 지배력을 강화시키는 동시에 불가피하게 자본운동에 대한 '국가적 규제'를 약화시켰으며, 나아가서 국제적 수준의 자본운동과 국가와의 민간부문과의 직접적인 접촉을 확대시킴으로써 국가에 의한 대내적인 규제력 역시 크게 약화시켰다. 이로 인해 국민국가들의 대외적인 경제적 주권은 물론 대내적인 규제력 역시 이 시기에 이르면 크게 약화된다. 그러나 세계화로 인한 국가적 규제력의 약화는 동시에 국가간의 협력이나 국제기구로의 권한 이전(移轉)을 통해 국제적 수준에서 생겨나는 제반 문제를 해결하려는 국제적 규제력을 강화시키는 계기가 되고 있다.

국가의 대외 경제적 기능은 이전에는 자국자본을 육성하고 세계시장에서의 경쟁을 뒷받침하는 것이었다. 그런데 자본과 생산의 국제화 세계화가 진척되면서 국적을 불문(不問)하고 어떤 국적의 자본이든 최대한 자국으로 유치하여 전 세계로 생산된 잉여가치에 대한 자국의 몫을 높이려는 노력이 강하게 나타나기 시작했다. 이러한 경향은 특히 자국자본 형성의 노력이 실패한 제3세계 즉, 동아시아 개도국에서 특징적으로 나타난다.

자본과 생산의 국제화─세계화는 세계적 자유무역주의 경향에 대립되는 '집단적 보호주의'라는 새로운 경향을 만들어내고 있다. 그러나 이러한 집단적 보호주의 경향이 자본운동과 생산의 전지구화라는 세계자본주의의 주(主)경향을 대체하는 것은 아니다. 또한 블록화는 더욱 단일화되어 가는 국제시장에서 지역적 헤게모니 자본으로 등장한 핵심부 자본들이 전개하는 국제경쟁의 지역적 기반으로서 기능하고 있다. 나아가 현 시기에 나타나고 있는 이러한 '신지역주의 경향'은 현실적으로 접근 가능하고 조정 가능한 자유무역지대를 확보하고 공동 경쟁력 확보에게 가장 적합한 정책권의 형성을 모색하는 동시에 지역적 중심부 경제와 주변지역 경제와의 수직적 분업관계를 유연하게 연결시키는 과정에서 생겨나는 것이다. 현재의 신지역주의 경향은 정치적 논리보다는 국제 분업 환경의 구조적 변화 속에서 관철되는 경제적 논리에 그 뿌리를 두고 있다는 점에서 장기적 지속이 가능한 세계자본주의의 새로운 발전경향에 속한다고 볼 수 있다.

세계경제화의 진전은 필연적이지만, 민족국가는 여전히 기본조직과 조정단위로 남을 것이므로 각국간에 경쟁력을 확보하려는 노력도 더욱 치열해질 것이다. 세계정부나 패권국이 없는 상태에서 이 양자 간의 모순과 갈등은 완전하게 해소할 수 없을 것이다. 그러므로 국제제도와 각 쟁점별 레짐을 형성하여 관리해야 하며, 강대국

간의 조정은 다자협상과 양자협상을 통하여 해결할 수
밖에 없을 것이다.

자본·기술·정보 및 생산의 세계화는 국경을 초월하
여 급속도로 발전하고 있다. 자본주의는 국적을 갖지
않고서 현재 제조업에서 첨단기술과 정보산업으로 전환
하고 있다. 이 결과 자본주의는 구조적 변화를 겪고 있
다. 세계적으로 사회주의는 몰락했고 현재 서구 복지국
가는 파산했으며 세계경제는 현재 새로운 균형을 지향
하여 변화하고 있는 과도기에 처해 있다. 여기서 자본
주는 단순히 자본에 근거한 산업에서 '인조적 두뇌의 힘
에 근거한 산업'으로 전환하면서 새로운 게임과 규칙을
창출하고 있는 것이다65).

자본과 기술의 세계화는 주권국가의 자율성을 제약하
고 있다. 자본이 국경을 넘어서 유통됨에 따라 각 국가
금리·통화·재정 등에 대한 거시경제정책을 수립하고
통제할 수 있는 능력이 제한되고 있다.

세계화가 초래한 주권의 약화로 국가가 이를 회복하
기 위해 세계화를 거부하는 폐쇄국가로의 희귀라는 극
단적 선택을 하지는 않는다. 이완(弛緩)된 주권을 보완

---

65) Thurow Lester C. (1996), *The Future of Capitalism,
    How Today's Economic Forces Shape Tomorrow's World*
    (New York: Mcnow), pp. 1~19.

하고 국가 주도의 정책을 펴면서도 세계화라는 국제경제의 대세적 경향에 크게 위배되지 않는 것이 지역블록 내지는 지역협력인 것이다.

이는 추후에 자세히 다루겠지만, 동아시아 금융위기는 아시아 국가들의 세계화로 인한 부작용이 큰 원인으로 지적되기도 한다. 따라서 세계화의 진전으로 취약해진 국가의 역할을 보완하기 위해 지역적인 단위로 협력할 필요성이 제기되었으며, 이는 동아시아 역내협력 과정에 확연히 나타나고 있는 것이다.

세계경제 글로벌화(化) 추세 속에서도 다른 한편 인접한 나라나 지역끼리 각종형태의 지역통합을 추구하는 지역주의화(化) 추세가 동시에 나타나고 있다. 이는 탈냉전 이후 강화되고 있는 유럽에서의 EU통합과정이 전형적이라고 할 수 있다. 1973년의 오일쇼크 이후 계속 부진한 상태에 있던 유럽통합 추세는 동구권 붕괴 직후인 1991년 12월 마스트리히트(Maastricht) 통합의정서 체결을 계기로 하나의 유럽공동체 형성에 박차를 가하게 되었다. EU는 지금 회원국을 늘리는 횡적(橫的) 확대와 통합의 정도를 깊이 하는 종적(縱的) 심화를 동시에 추구하고 있다. 그리하여 지금 EU는 15개 회원국에 이르고, 또 발라사(Balassa)가 말하는 경제통합 5단계 가운데서 마지막 단계인 통화통합의 단계에까지 나아가고 있다. 물론 이러한 경제통합의 추세는 오늘날 EU에 국한되고 있는 것은 아니다. EU통합에 반대하던 미국도 1994년에는 캐나다와 멕시코를 묶어서 NAFTA를 결성하였고, 나아가 아시아 · 태평양 국가들을 묶은 APEC을 확대 강화하고 있는 실정이다. 동남아에서는 또한 ASEAN의 확대 강화와 그 연장선상에서 EU와의 연합을 추구하는 ASEM이 결성되었다. 이를 통해서도 알 수 있듯이, 세계경제의 지역화는 앞의 글로벌화(化) 현상과 함께 오늘날 또 하나의 기본적인 범세계적 추세로 되고 있다.

나. 지역협력의 강화

지역협력 및 지역통합에 대한 국제관계 연구자들의 관심사는 시대의 변화에 따라 그 강조점이 상이했다. 지역통합을 통해 '평화적 방법에 의한 초국가적 문제의 해결'을 모색하는 규범적 관점이 1970년대 이전의 지역통합 이론들의 기저(基底)에 놓여 있었고, 따라서 대부분의 정치학자들은 주로 전쟁을 억제할 수 있는 안보공동체를 건설하는 과정으로 통합을 이해했다[66]. 그러나

---

66) Puchala, D. and Fagan, S. (1974), "International Politics in the 1970s: The Search for a Perspective", *Interna-*

유럽통합을 대상으로 전개된 이 통합이론들은 1970년 대에 유럽통합이 정체상태에 접어들게 되자 급격히 쇠 퇴하기 시작했다.

지역통합 이론에 대한 이 반성은 범지구적 상호의존 또 는 범지구화의 맥락에서 지역주의 및 지역통합을 이론화 할 필요성을 제기했다[67]. 특히 1970년대의 상대적 정체 를 극복하고 다시 시작된 지역통합운동은 범지구화라는 맥락과 분리되어 사고될 수 없다. 1980년대는 새로운 지 역통합 운동의 시작을 알리는 분기점이었다. 특히 정치·군사적 영역에서의 지역협력보다는 EU · NAFTA · APE C · ASEAN 등의 경제통합체를 축으로 한 지역분할이 강 화되고 있다. 신(新)지역주의로 명명되는 이 현상은 과 거 안보적 관심이 우위에 있던 구(舊)지역주의와 질적 으로 구분되는 정치현상이다[68].

---

tional Organization, Vol. 28, No. 2, p. 258.

67) 신기능주의 통합이론가인 하아스(E. Haas)가, 통합이론들 이 범지구적 정책 및 연구의 제기되는 중요한 문제들을 다 룰 수 있도록 고안되지 않았기 때문에 그 이론들이 쓸모없 게 되어가고 있다고 선언한 것이 1975년이었다. Haas, E. (1975), *The Obsolescence of Regional Integration Theory*(Berkeley: Institute of International Studies), p. 17.

68) Hettne, B. (1993), "Neo-Mercantilism: The Pursuit of Regioness", *Cooperation and Conflict*, Vol. 28, No. 3, p. 221; Hurrell, "Explaining the Resurgence of Region-alism", p. 332.

우루과이 라운드의 시작에서 볼 수 있듯이 WTO 중심의 다자주의적 경제질서의 유지를 위한 노력이 전개되는 반면, 다른 한편으로는 EU통합의 강화, NAFTA의 결성, 동남아 경제의 일본중심 경제권으로의 수직적 통합 등에서 관찰할 수 있듯이 세계 자본주의 경제의 이중적 성격이 노출되고 있다. 이는 미국의 상대적 힘의 쇠퇴라는 국제체제의 변화로 인해 다자주의 원칙을 실현하기 위한 국제제도의 효율성이 약화되고, 상호의존의 심화로 인해 개별국가들의 자율성 추구가 제약을 받게 되자 국가 행위자들이 블록이라는 중간의 길을 선택함으로 지역주의는 촉진되었던 것이다.

시장 기제(market mechanism)의 무한한 공간적 확대라는 극과 국가 자율성의 무한한 추구라는 두 가지 극을 관념적으로 가상할 때 블록이란 보다 작은 공간적 지역 내부에서만 자유무역을 추구함으로써 상호의존으로부터의 적당한 경제적 이익과 국가 자율성의 적당한 보호를 동시에 추구하고자 하는 것으로 상정할 수 있기 때문이다. 즉, 시장기제 및 상호의존의 확대를 통한 이익을 어느 정도 포기하고, 그 대신 국가 수준의 자율성을 어느 정도 확보하고자 하는 절충적 노력이라고 이해할 수 있다.

이러한 블록 자본주의의 경향은 1990년대에 특히 강

화되었다. 1991년 남미 남부공동시장(MERCOSUR) 형성을 비롯하여 다수의 개도국들이 각종 무역협정을 체결하였으며 1994년에는 미국, 캐나다, 멕시코 간에 NAFTA가 정식 발효되었다. 세계경제가 다자체제인 WTO를 중심으로 통합되어가는 추세에도 불구하고 신규 지역무역협정69)의 체결과 기존 지역무역협정의 확대·심화 추세가 강화되고 있는 것이다. 1997년에는 지역무역블록의 수(數)가 WTO 회원국 수(數)를 이미 초과하였고, WTO의 지역무역협정위원회도 지역무역협정의 증가추세가 향후에도 지속될 것으로 전망하고 있다. 1999년 4월 현재, GATT 24조 관련 GATT/WTO에 통보되었거나 실시되고 있는 지역무역협정 수는 총 82건이며, 그 외 허용조항(enabling clause) 및 GATS 5조 관련 GATT/WTO에 통보되었거나 실시되고 있는 지역무역협정 수는 각각 14건 및 11건에 달한다. 또한 1999년 6월 리우데자네이루에서 개최된 EU-중남미 정상회담에 앞서 EU와 MERCOSUR(1995년) 및 EU-칠레(1996년) 간에 합의된 기본협력 협정을 재확인하고 점진적이고 상호적인 자유무역협상을 개시키로 합의함으

---

69) 여기서 말하는 지역무역협정은 GATT/WTO에 통보의무를 지니는 모든 양자 간, 지역 간, 복수 간 특혜무역블록으로써, 이들 무역블록의 통보의무는 GATT 24조, GATS 5 및 허용조항(enabling clause)에 명시되어 있다.

로써 다른 대륙에 속해있는 지역경제협력체 간 자유무역협정 체결도 추진되고 있는 상황이다. 이외에도 개방적 지역주의를 표방하면서 1989년에 출범한 APEC도 느슨한 형태의 지역경제협력체로 자리 잡았으며, 회원국이 창설당시 12개국에서 현재(2005년 8월) 21개국으로 확대되었다.

그러나 WTO체제가 출범한 1995년 이후에도 155개의 지역무역협정이 체결된 것으로 보아 지역무역협정의 체결은 단순히 다자체제의 실패에 대비한 것이라기보다는 각국이 통상정책 차원에서 전략적으로 추구하여 온 것으로 이해될 수 있다. 즉, 그동안 지역무역협정에 참여한 경험이 없는 국가들도 지역주의에 적절히 대응하는 동시에 하나의 지구촌 경제로의 통합이라는 세계화에 대한 준비작업의 일환으로 지역주의 경험을 축적하고자 소(小)지역 자유무역협정에 적극 참여한 것으로 판단된다[70].

총체적으로 지역주의는 두 단계의 발전과정을 거쳐왔다. 첫 단계는 1960년대로서 EEC의 설립에 따른 파급으로 주로 아프리카를 중심으로 한 개도국 간 경제통합이 유행처럼 확산되었다. 또 다른 단계는 1980년대

---

70) 정인교(1998), "지역무역협정의 확산과 우리의 대응", (서울: KIEP), 12. 30, p. 3.

중반이후이다. 미국의 정책적 선회에 따라 특히 중남미 지역 내 인접국가간 갖가지 형태의 경제통합이 전성기를 맞고 있다.

1960년대의 경우를 살피면 EEC의 탄생은 유럽 내에서 EFTA의 창설을 가져왔음은 물론 당시 피식민지 국가의 독립과 함께 집단적 자족(自足)체제의 추구를 통한 경제민족주의를 자극했다. 그 결과 중앙아프리카 경제·관세동맹의 설립을 비롯하여 대부분의 인접 신생국들과 경제통합을 모색하기 시작했다. 이러한 파급은 중남미국가로 확산되었다. 대표적인 예로 ECLA총회를 거쳐 최초로 개도국내 중미공동시장(CACM: Cental America Com- mon Market)과 라틴아메리카 자유무역지역(LAFTA: Latin America Free Trade Area)이 탄생하였고 뒤이어 카리브 공동시장(CARICOM: Caribbean Common Market)이 설립 되었다.

이 기간 두드러진 특징의 하나는 유럽을 제외한 개도국 간의 경제통합은 다분히 경제적 민족주의에 기초하여 수입대체나 급속한 공업화 의욕과 같은 정치경제적 고려가 크게 작용했다는 점이다. 자유무역지역, 관세동맹, 공동시장 또는 경제동맹과 같은 갖가지 명칭을 자의적으로 사용했던 이유도 여기서 비롯됐던 것 같다. 개도국 특유의 경제적 여건이 경제통합에 가져오는 어려움들을 신중하게 고려하지 않았다는 사실은 이들 대부분이 실패로 끝나거나 아니면 단순한 특혜지역을 벗어나지 못하게 하는 결과를 초래했다.

1980년대 후반 지역주의가 제2단계 확산의 계기를 맞게 된 것은 무엇보다도 미국이 이제껏 배타적으로 고집해오던 다변주의 체제를 수정하여 지역주의 정책도 동시에 추구하겠다는 소위 '2원 정책(2 track policy)'을 채택하면서부터 이다. 나아가서 EU의 '92년 계획' 역시 '유럽요새화'라는 부정적 반응을 야기함으로써 역외 국가들로 하여금 지역주의에 대한 관심을 증폭시킨 중요한 요인의 하나가 되었다.

다변주의에서 지역주의로 선회한 미국의 정책은 무엇보다도 GATT 또는 WTO의 국제무역협상에 더 이상 기대를 걸 수 없다는 실망에서 비롯되었다. 미국의 대외정책기조에 있어서 근간이라고 할 수 있는 국제주의나 다변주의를 GATT체제를 통하여 실현한다는 것이 하나의 이상(理想)에 불과하다는 결론의 소산이기도 하다. 또 미국의 국제경제적 지위 약화나 EU에 의한 시장통합의 완결 추진 등과 같은 여건 변화도 중요한 요인이었다.

이와 같이 지역통합의 제2라운드는 미국에 의하여 주도되었다. 1989년 캐나다—미국 자유무역지역을 발족시킨 미국은 1990년 '미주(美洲) 선도의 구상(EAI)'계획을 발표하였고 뒤이어 멕시코가 합류함으로써 1994년 NAFTA가 출범하였다. 나아가 미국정부는 미주정상회의의 개최를 통하여 미주지역 내 쿠바를 제외한 모든 국가가 참여하는 미주자유무역지역(FTAA: Free Trade Area of America)의 설립의 제안하였다. 현재의 계획으로는 FTAA가 2005년 중으로 실현될 것으로 전망하고 있다.

<표 8> 지역무역협정의 심화·확대·추이

무역협정	동 향	출범
유럽 연합 (EU)	□ EU의 확대 ∘ 1995년: 12개국＋오스트리아, 스웨덴, 핀란드 ∘ 2000년: 15개국＋동구권 6개국 □새로운 협정 추진 및 협정 간의 연계노력 ∘ 2005년: 동유럽 10개국 EU 가입 ∘ 2010년: EU＋지중해연안 12개국 자유무역 지대 추진 ∘ 북미－유럽간범대서양 자유무역지대(TAFTA) 구상 □ 아시아 지역과의 협력 확대 노력 ∘ 아시아유럽정상회의(ASEM) 출범	1993년 11월 1일 유럽연합조약이 발효됨에 따라 명칭이 종전 EC에서 EU로 변경됨; 1958년 6개 회원국으로 출범하였으며 2004년까지 5차례의 확대를 통하여 현재 25개국에 이름
북미자유 무역 협정 (NAFTA)	□ NAFTA의 확대 노력 ∘ 칠레의 NAFTA 가입 협상 진행 □ 새로운 협정 추진 ∘ 2005년: 북남미 34개국의 미주자유무역지대 (FTAA) 설립 협상 진행 □ 협정 간의 연계노력 ∘ 북미－유럽 간 자유무역지대(TAFTA) 구상 ∘ NAFTA-AFTA 간의 대화채널 가동 □ 아시아 지역과 협력 확대 지속 ∘ 아시아－태평양경제 협력체(APEC)의 무역 및 투자 자유화의 가속화	1994년 1월 1일 정식 발효
아 세 안 자유무역 지대 (AFTA)	□ AFTA의 확대 및 연계 노력 ∘ 1995년: 6개국＋베트남 ∘ 1997년: 미얀마, 캄보디아, 라오스 추가영입 ∘ AFTA와 오스트레일리아－뉴질랜드 자유무역지대(CER)와 연계논의 진행	1992년 제4차 ASEAN 정상회의에서 1993년에 AFTA 창설을 합의
남미 공동시장 (MERC OSUR)	□ MERCOSUR의 확대 및 협정 간의 연계 노력 ∘ EU＋MERCOSUR 자유무역지대 2005년 체결합의 ∘ 북미·남미 간 자유무역지대(FTAA) 구상 ∘ MERCOSUR 과 CER의 연계 논의 진행	1995년 1월 1일 정식 발효

여기에 편승한 중남미 국가는 인접 국가들과 경제통합을 추진하기 시작했다. 대표적인 예가 1991년 아순시온 조약에 의하여 설립된 1995년 남부남미공동시장(MERCOSUR)이다. 1994년의 카리브국가연합(ACS: Association of Caribbean States)협정 그리고 MERCOSUR의 확대를 취지로 하는 남미자유무역지역(SAFTA: South America free Trade Area) 계획 등이다.

제2절 동아시아 지역협력의 경제적 변수

(1) 동아시아 경제의 상호의존성

가. 경제규모의 확대

지역협력의 목적 중 하나는 외부의 압력과 도전에 효율적인 대응을 할 수 있다는 것이다. 그런데, 이러한 목적을 이루기 위해서는 경제규모의 크기도 무시할 수 없는 중요한 부분이다. EU가 그 규모 면에서 미국을 능가하기 때문에, 다른 지역 협력체에 비해 그 추이에 대한 관심이 집중되는 것이다.

ASEAN의 경우 그 자체로서는 성공적인 지역협력을 수행해 왔지만, 규모 면에서 EU와 NAFTA에 비해 절대적으로 작기 때문에, 외부의 도전에 효율적인 대응을 하기에는 한계가 있었다. 이는 동아시아 금융위기에서 증명되었는데, 비교적 건전한 경제적 기초를 가지고 있었던 ASEAN 국가들이 투기자본의 이탈로 무기력한 대응 끝에 위기에 빠지게 되었다. 이러한 위기의 과정에서 ASEAN은 어떠한 예방책이나 해결책을 제시하지 못하였다. 따라서 여기에서는 동아시아의 경제규모는 어떻게 확대해 왔으며, 이러한 규모의 성장이 동아시아 협력에 어떤 의미가 있는지 살펴보고자 한다.

동아시아 경제의 국내 민간투자와 인적자본의 급증은 성장의 주된 엔진이었다. 높은 수준의 국내저축은 고투자를 뒷받침했다. 건전한 개발정책은 고도성장의 가장 중요한 요인이었다. 정부의 선택적 개입은 고성장과 소득분배의 개선에 기여했다. 그 성공요인은 다음 두 가지로 매우 엄격했다.

첫째, 동아시아 정부들은 선별적인 개입을 위한 명백한 성과기준을 수립하고 성과를 감독하는 제도적 절차를 마련했다. 둘째, 개입비용이 과도하지 않았다. 중화학공업 육성을 위한 재정비용이 거시경제적 안정을 해치게 되었을 때 한국과 말레이시아 정부는 그 정책을 중

단했다. 일본의 대장성은 통산성의 보조금 정책을 통제
했다. 인도네시아와 태국은 균형예산법에 의해 보조금
규모를 제한했다.

<표 9> 동아시아 주요 국가의 성장률 추이

	2000	2001	2002	2003	2004(추정)	2005(전망)
태국	4.8	2.1	5.4	6.8	6.4	6.6
말레이시아	8.9	0.3	4.4	5.3	6.8	6.0
인도네시아	4.9	3.8	4.3	4.5	4.8	5.2
필리핀	4.4	1.8	4.3	4.7	5.5	5.5
싱가포르	10.1	-1.9	2.2	1.1	8.1	4.2
브루나이	2.8	3.0	2.8	3.2	4.0	2.4
베트남	6.1	5.8	6.4	7.1	7.5	7.6
라오스	5.8	5.8	5.9	5.8	6.5	7.0
미얀마	13.7	11.3	5.0	5.1	-	-
캄보디아	7.0	5.7	5.5	5.2	4.5	2.3
ASEAN	6.3	1.9	4.4	4.8	6.2	5.7
중국	8.0	7.3	8.0	9.1	8.8	8.0
한국	8.5	3.8	7.0	3.1	4.4	3.6
일본	2.8	0.4	-0.4	2.5	4.5	2.3

자료: OECD, ADB, IMF

동아시아경제는 성장의 3요소에 있어 다른 개도국과
는 많은 차이가 있다. 1960~90년간 연평균 GDP의 20

퍼센트를 초과하는 높은 투자율은 보편적인 기초교육에 의한 인적자본의 급속한 축적과 함께 동아시아경제 성장의 2/3를 설명한다. 나머지는 생산성 향상에서 기인한다. 동아시아경제의 생산성증가는 다른 개도국이나 선진경제를 능가한다. 이러한 양호한 성과는 자본을 고수익 투자에 배분하고 선진경제의 기술을 흡수하는 데 성공했기 때문이다. 동아시아 정부들은 경제 성장을 위해 단일한 목표만을 설정하지 않았고, 오히려 거시경제 안정, 수출촉진, 저축확대 등 보다 구체적인 경제목표를 달성하도록 복수의 탄력적인 정책수단을 사용했다. 목표 달성을 위한 정책수단의 실용적인 탄력성은 동아시아경제의 두드러진 특징으로 이는 동아시아경제가 거시경제안정과 급속한 수출확대를 동시에 달성한 비결이기도 하다.

나. 상호의존의 심화

1985년 이후 엔고시대를 맞이하여 일본 기업들은 노동력과 자원이 풍부한 동남아 지역에 막대한 자본을 투자해왔다. 이로써 부품, 중간제품, 기계 설비 등을 생산하여 역수입하는 방식의 해외 조달형 해외투자로 일본과 이 지역 국가들―태국·말레이시아·필리핀·싱가포르 · 브루나이 - 간의 수직적인 국제 분업 구조를 심화시켜 왔다. 이와 대조적으로 미국 경제의 이 지역에서의 영향력은 점차적으로 쇠퇴해 가고 있다.

동아시아 국가들은 천연자원 및 생산요소 부존의 측면에서는 매우 높은 상호보완성을 가지고 있고, 안행행태론적(Flying Geese Model)인 국제개발의 측면에서 보아 경제발전 그리고 산업구조상의 보완성이 매우 큰 지역이다. 아시아 역내의 상호의존도는 심화되고 있는 추세이다71). 이러한 경제성장에 힘입어 시장규모도 빠른 속도로 커지고 있는 바 2020년까지 아시아는 세계에서 가장 큰 소비시장으로 성장할 것으로 예상되고 있다. 또 주목할 만한 발전은 역내 무역의 빠른 증가이다. 동아시아 지역의 역내 간 무역은 1986년의 전체 무역의 31퍼센트에서 1992년 전체무역의 43퍼센트로 증가하였다. 이와 함께 아태지역의 무역은 1980년의 57퍼센트에서 1992년의 69퍼센트로 빠르게 성장하고 있다. 이러한 배경 하에서 아태지역에서의 경제협력체 구성에 대한 논의가 구체화되기 시작하였다. 1996년 동아시아 국가의 총수출 중 역내시장에 대한 수출은 전체의 49퍼센트를 차지하고 있으며, 일본은 동아시아 지역에 대한

---

71) 신용대(1996), "세계경제의 지역주의 확산과 우리의 대응", 「IRI 리뷰」, 제1권 3호, p. 91.

최대 수출국으로 시장이 확대일로에 있다[72].

이러한 상황에서 동아시아의 지역협력 상황에서 일본적 패권 질서를 초국가성이라는 중립적 개념으로 포장해주는 왜곡의 위험이 내포되어 있다. 이러한 요인들 때문에 동아시아 경제협력을 바라보는 접근법은 초국가적 요인을 강조하는 설명보다는 국가 또는 정부 간 협상의 측면을 강조해야 하는 것이다.

NIEs의 동아시아 역내수출 비율도 급격히 증가하였다. 동아시아 역내수출 비율은 1985년의 33.6퍼센트에서 1990년의 40.6퍼센트로, 1996년의 50.6퍼센트를 기록하였는데, 이는 NIEs 내부의 교역증가, 대(對) ASEAN 및 대(對) 중국 수출 증가가 주요 원인이다. 지난 10여 년간 국제산업연관 구조상의 변화를 볼 때 동아시아와 일본과의 경제적 상호의존관계는 점차 심화되었다. 동아시아 지역경제의 일본·미국·유럽경제에 대한 영향도는 일본이 가장 높다[73].

---

[72] 일본의 대동아시아 수출비중은 85년 24%→90년 30%→96년 42%로 확대되었고 이 중 최대시장은 아시아신흥공업국 (NIEs) 4개국이며 96년 1,015억 달러를 수출하여 총수출의 24.7%를 차지하였다.

[73] 동아시아 지역에서 수요증가 발생 시 이에 따른 생산유발효과는 일본이 가장 크게 향유하고 있다. 100억 달러의 수요발생시 일본의 생산유발액은 12억 7,300만 달러인 반면, 미국과 유럽(영·불·독)은 각각 6억 5,800만 달러, 2억 8,300만 달러로 일본의 절반, 1/4 수준에 그치고 있다.

동아시아 지역에 있어서 대외무역의 역내집중, 경제 발전단계별 국가군 간의 보완적 무역구조 및 보완적 역내분업관계의 형성으로 역내 국가간 상호의존도가 점차 심화되고 있다. 또한 동아시아 지역에서 역내 무역증대 현상을 일본, 아시아 NIEs, ASEAN 중국 국가군(群)으로 구분하여 살펴보면 NIEs와 ASEAN 간의 상호교역은 여전히 활발하며 NIEs간, 일본과 NIEs 간의 상호교역은 더욱 역동적이다. 한편 동아시아 지역에서 역내무역의 또 다른 특징은 역내 국가군 간 요소부존(천연자원, 노동력, 자본, 기술 등)과 공업발전 단계의 격차에 따라 상호보완적인 역내분업과 함께 생산조직의 국가간 결합과정을 통해 이 지역에서의 자급자족적인 경제성장을 가능케 한다는 점이다.

[그림 3] 동아시아 무역구조

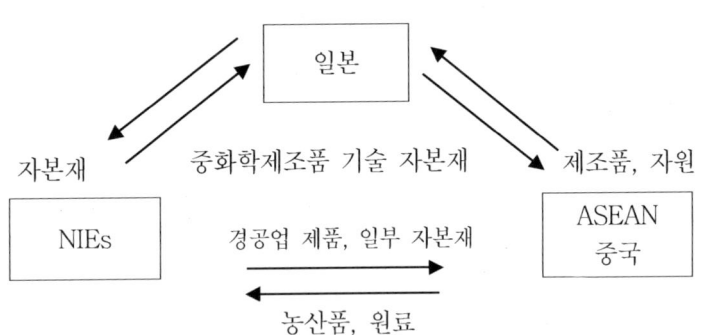

일본을 중심으로 NIEs와 ASEAN 간의 무역구조를 살펴보면 동아시아의 상호보완적이고 자급자족적인 성장유형을 쉽게 파악해볼 수 있다([그림 3] 참조).

구체적으로 일본은 NIEs국가들에 기계류 중심의 자본재를 수출하고 경공업 제품을 수입하며, NIEs국가들은 ASEAN에 경공업제품과 일부 자본집약재를 수출하고 공업원료를 수입하는 반면, ASEAN은 일본과 NIEs 양측에 1차 산품을 수출하고 일본으로부터는 기술 집약적 자본재, NIEs로부터는 경공업 제품과 자본집약적 중공업 제품 및 기술표준형 전기기기제품을 수입하고 있다. 이를 일본의 수입구조를 통해 살펴보면 NIEs로부터는 원료품, 광산품 등 1차산품의 수입비중보다는 화학제품, 기계기기, 섬유제품, 금속제품 등 제조업제품의 수입비중이 크며 ASEAN으로부터는 제조업 제품의 수입비중이 증가하고 있으나 NIEs에 비해서는 상대적으로 식료품, 원료품, 광물성 연료 등의 수입비중이 높다는 것을 알 수 있다. 결국 동아시아 국가간에는 상호보완적인 분업관계에 의한 생산 및 시장의 기능적 통합을 통해 당해지역의 비교우위조건을 개선시켜왔다고 할 수 있다. 다시 말해 1차 산품을 주로 대외수입에 의존하고 있는 EU의 경우와는 달리 동아시아에서는 에너지와 자원 다소비형(多消費型) 공산품에 있어 개별국가 및 지역전체의 비교우위 조건을 개선시킬 수 있었던 것이다.

1980년대 이후 동아시아 지역에서는 한국이나 일본과 같은 역내 선발공업국들이 ASEAN과 중국 등 역내 국가들에 대한 해외직접투자를 집중시켜 옴에 따라 이 지역에서 높은 해외직접투자 집중도를 보이고 있다.

1990년의 경우 동아시아 국가 전체의 역내 해외직접투자의 집중도는 1.94, 그중에서도 일본의 동아시아 국가에 대한 해외직접투자의 집중도는 1.85로 매우 높은 수준에 이르고 있다. 1990년대 들어서 이 지역에 대한 일본 등의 해외직접투자의 신장세가 제조업을 중심으로 지속되고 있는데 이는 무엇보다도 임금상승 및 엔화절상 등으로 인한 생산비용 상승으로 생산기반을 역내 후진국으로 이전하는 데에 기인한다. 이와 같은 역내국 간 해외직접투자의 증대는 투자대상국의 산업구조를 고도화시키는 한편 현지에서 생산된 제품이 다시 투자국으로 재수출되는 과정을 통해 역내국 간 무역을 증대시키는 효과가 있다.

동아시아 지역 국가의 경제는 일본과의 유기적인 발전메커니즘(Development Mechanism)과 분업관계를 공유하고 있으며 일본 경제의 경기 동향에 민감하게 영향을 끼친다. 일본경제의 감속(減速)이 동아시아 지역 경제에 충격을 주는 등 깊은 상호 의존관계를 만들어내고 있는 것이다. 이제부터 동아시아 지역은 일본을 중핵(中核)으로 하는 아시아 NIEs, ASEAN 국가가 세계의 중추적인 생산기지가 되고 있다. 일본·NIEs·ASEAN중국이라는 지역적 시장단위가 있으나, 각 지역의 시장메커니즘은 상호 제도적 틀을 갖지 못한 개방된 자유무역 시스템을 형성하고 있기 때문에 효율적인 협력의 장애가 되고 있다.

다. 산업 내 분업의 확대

아시아 협력추진 접근방식 중 가장 오래 전부터 논의된 것은 안행행태적(또는 기러기형) 모델이다[74]. 날아가는 기러기의 대형(隊形)처럼 하나의 도약이 지역전체의 성장을 이끌어 간다는 내용이다. 즉 일본이 선발 주자가 되어 NIEs가 그 뒤를 따르고 그 후에 ASEAN이 그리고 중국 등이 그 뒤를 잇는다는 주장이다.

일반적으로 안행형성장모형이란 원래 한 국가에서 특정산업이 어떠한 발전과정을 거치는가를 설명하는 것이

---

74) 안행형성장모델(flying-geese model)을 통해 설명될 수 있는데, 이 모형에서는 동아시아의 특정산업이 역내 선진국으로부터 해외직접투자 등을 통하여 점차 후진국으로 이동하면서 선진국은 자본의 효율성을 높이고 후진국은 자본 및 기술을 이전 받음으로써 선·후진국 모두가 성장을 기대할 수 있다는 것을 보여준다.

었으나 점차로 특정산업이 한 나라에서 다른 나라로 이동하는 형태에 관한 연구로 점차 확대되었다. 이 모형에 의하면 한 국가에서 특정산업은 도입단계(introduction stage), 수입대체단계(import-substitution stage), 수출단계(export stage), 성숙단계(mature stage), 역수입단계(reverse-import stage)의 다섯 과정을 거치게 되며, 특정 산업의 경쟁력은 경제발전과정에서 요소부존 상황이 동태적으로 변하면서 노동집약적인 산업으로부터 점차 자본 및 기술집약적 산업으로 이동하게 된다.

아시아 국가에서의 예를 찾아보면 섬유산업에서 화학제품으로, 다시 철강산업을 걸쳐 자동차산업의 순(順)으로 발전하게 된다. 이를 개방 경제모형으로 확대하여 보면 특정 산업이 선진국에서 후진국으로 점차 이동하는 것을 설명할 수 있다. 아시아경제의 상호의존 구조 형성을 살펴보면, 1990년대 초반까지 아시아경제는 경제발전단계의 격차로 인해 상이한 비교우위가 존재해 왔다. 즉 일본→NIEs→ASEAN→중국으로 이어지는 안행형태론적 발전 양상을 보여 왔던 것이다. 이렇게 해외직접투자 혹은 생산요소가 선진국에서 후진국으로 이동함에 따라 후진국에서는 점차 자본축적이 이루어지고 산업구조가 고도화되기 때문에 지속적인 경제발전이 가능해진다는 것이다.

이 모형이 시사하는 바는 향후 베트남, 라오스, 북한 등이 편입될 경우 선진국의 산업이 해당지역으로 이동하면서 선진국으로서는 생산비용을 낮추어 수출경쟁력을 높일 수 있고 후진국도 고용기회 확대와 자금, 기술 및 사회 간접자본을 확보할 수 있게 됨에 따라 역내에서 지속적이고도 자급자족적인 성장이 가능하게 된다는 것이다. 그러나 동아시아 발전의 선도자 역할을 하던 일본은 이미 1980년대 말부터 동아시아 경제문제 전반에 걸쳐서 원인(遠凶)을 제공하였다. 일본기업은 동남아에 단순 조립부문까지 진출, 기존의 안행형태로의 발전을 파괴하였다. 일본의 산업이전이 한국, 대만 등 2단계 발전국으로 이동하는 데 그쳐야 했으나 ASEAN에 진출하면서 한국·대만·홍콩 기업들과 현지에서 직접 경쟁하게 된 것이다. 또한 일본기업들의 대대적인 투자로 인해 태국 등에서 부동산 가격 상승을 부채질하여 거품경기를 초래해 현 금융위기의 일부 원인을 제공하였다.

일본은 동아시아 지역에서 무역흑자를 확대하였으나, 동아시아 국가는 일본기업의 네트워크 속에서 부품 및 중간재산업의 취약과 자체 기술개발의 미흡으로 엄청난 적자를 기록해왔다. 대일적자 규모는 계속해서 누적되어 아시아 국가가 주로 일본의 수출시장역할을 하였던 것이다. 대일적자 누적은 경상수지적자의 누적으로 나타나고, 장기간에 걸친 적자가 거시경제 불균형의 원인으로 작용하였다. 게다가 동남아 국가들은 1990년대 초반 엔고에 따른 수출증대와 고용증가에 취해서 구조적 모순을 등한시하였다.

한편 기술을 갖추지 못한 동남아 국가가 수입대체형 자본집약적 산업에 진출하면서 본격적인 공급과잉을 초래하였다. 예를 들면 고도성장세가 지속될 것으로 생각한 태국에서는 국내기업인을 중심으로 자본집약적 소재 및 중간재산업에 대대적인 투자를 시작하였으며 1990년대 중반에 시작된 반도체산업의 알파텍, 철강의 시암시멘트, 사하비리아그룹, 석유화학의 TPI그룹은 수십억 달러의 외채를 조달하여 투자하였다. 인도네시아에도 1990년대 중반부터 석유화학 분야에 대대적인 투자가 이루어졌다.

아시아 위기에도 불구하고 동아시아는 당분간 수출주도형 성장전략이 불가피하다. 태국을 시발(始發)로 연쇄적으로 확산된 아시아 외환위기는 동 지역의 기존 경제개발전략 및 경제 금융 시스템의 구조적 취약성을 재조명하는 계기로 작용하였다. 거품경제 붕괴 이후 장기불황을 겪고 있는 허덕이는 일본경제로 인해 자연스럽게 과거 일본 주도 발전전략의 궤도 수정이 요청되고 있다.

상호의존을 지향하는 동아시아 경제권에서는 국가간의 수평분업이 급진전되고 있다. 과거의 국제무역은 특정 산업의 생산물을 국가간에 상호 교환하는 산업 간 무역을 의미하며 1차 생산품과 같이 상이한 산업 간의 무역이었으며, 수직적 분업의 형태가 대부분이었다. 즉 개발도상국이 1차 생산품의 수출에 특화되고 공산품은 전면적으로 선진국으로부터 수입에 의존하는 식민지 지배하의 수직적 분업관계는 지배와 종속의 관계를 맺고 있는 일이 많았다.

오늘날에는 산업 간 무역에 대신하여 산업 내 무역이 점차 일반화되고 있다. 동일 산업 내에서의 무역이 발생함으로써 산업 내부에서의 분업이 자연적인 흐름이 되고 있다. 이와 같은 산업 내부에 있어서 분업과 동일 산업 내에서의 분업과 동일산업 내에서 생산되는 상품이 국가간에 상호 거래되어 수평분업이 광범위하게 나타나고 있고 또한 그것의 정도는 더욱 심화되고 있다. 최근의 국제무역이 현저하게 확대되고 있는 것은 이와 같은 산업 내 무역에 의해 촉진되었다고 할 수 있다[75].

어떤 두 국가간에 특정산업 범주 내에서 상호 무역이 활발하게 전개되어 그 수출과 수입이 전적으로 같아졌을 때, 그것을 수평분업 수평무역이 가장 잘 진행된 상

---

75) 김순태(1995), 「21세기 아시아」 (서울: 한국경제신문사), pp. 49~50.

태라고 할 수 있다.

어떤 두 국가간에 특정산업 범주 내에서 상호 무역이 활발하게 전개되어 그 수출과 수입이 전적으로 같아졌을 때, 그것을 수평분업·수평무역이 가장 잘 진행된 상태라고 할 수 있다. Grubel-Lloyd 식(式) 수평분업지수에 의해 최근의 아시아 NIEs·ASEAN 국가에 대한 일본의 대(對) 아시아 NIEs·ASEAN 국가와의 수평분업지수는 매년 상승하고 있다. 수평분업의 진전과 더불어 한 나라의 공업화가 다른 나라의 공업화를 유발하는 등 상호 공업화의 파급효과는 실로 크다. 무역이익에 있어서 산업내무역(수평분업)이 산업간무역(수직무역)보다 크다고 하는 확실한 증거는 없지만 수평무역은 무역을 하는 나라의 상호간에 공업화의 파급력을 서로 부여한다는 동태적 효과를 가지고 있다는 점을 주목할 필요가 있다. 산업 간의 수직적 무역관계에서 교환되는 상품의 중심은 최종 소비재이며, 그 생산은 한 나라의 내부에서 자기 완결적이다. 산업 내 수평분업의 핵심은 중간재를 중심으로 하는 무역에 있다. 한 나라의 생산 확대는 중간재 무역을 거쳐 다른 나라의 생산확대를 유발하여 각국 간의 생산파급을 보다 긴밀하게 발생시킨다. 예를 들면 한국·일본 양국은 기계산업을 중심으로 한 수평분업을 전개하여 공업의 발전을 상호

촉진하는 유효한 경제관계를 구축하고 있다.

아시아는 세계적 생산기지로 발돋움하고 있으나 동일 산업에서 경쟁함으로써 세계적 공급과잉을 초래하는 경우가 많았다. 대표적인 사례는 철강, 석유화학, 전자 등 범용 기술산업의 경우로 상호 공급조절을 위한 협력이 필요한 가운데 있다. 역내 부품 및 중간재의 분업구조를 심화 확대하기 위한 시스템을 강화해야할 것이다. 이는 주로 일본기업의 의지에 달린 문제로 기존 일본기업은 일본 모기업과 연결하여 현지와는 연계되지 않는 생산구조 구축, 아시아 역내에서도 자사 혹은 같은 일본기업으로부터 부품 조달하였다. 이는 외견상 역내분업이 가속화되고 있으나 현지국 후생 제고(提高)와는 무관한 형태로 진전되어 왔던 것으로 이에 대한 개선이 필요하다.

앞으로 역내 의존도를 심화시켜 나가기 위해서는 관련 산업의 기반이 다른 산업에 비해 폭넓은 기계류를 중심으로 하여 역내의 산업 내 분업을 전개시킬 필요가 있는 것이다. 그 방법으로서는 역내의 기술 후진국이 기술개발을 위한 투자를 아끼지 말아야 할 것이며, 기술선진국인 일본은 역내국에 대해 기술이전을 활성화시켜 역내국의 산업고도화를 도모해야 할 것이다.

역내의 기술후진국이라 할 수 있는 ASEAN은 시장이

협소하며, 기업규모 또한 작기 때문에 대규모시장을 보유하고 있는 중국의 등장에 의해 국제경쟁력 강화를 위한 노력이 절실히 요청되는 상황에 놓여있다. 이러한 상황에서 ASEAN은 일국의 시장만이 아니라 역내전체를 하나의 시장으로서 보는 역내 간 분업체제의 확립을 도모해야한 하는 상황에 놓여있다. ASEAN의 역내분업체제 성립에는 외자기업의 역할이 대단히 중요하며, 앞으로 일본과 NIEs의 ASEAN 역내분업체제 성립을 통한 상호의존도의 강화가 예상되고 있다.

아시아 각국의 비교우위에 따라 분업화가 가능하고 중장기적으로 기술이전을 통해 산업구조를 고도화해 갈 수 있도록 기술협력을 강화해가야 할 것이다. 일본을 중심으로 NIEs, ASEAN, 중국을 연결하는 수평분업을 촉진하는 방향으로 나아가는 것이 바람직하다.

아시아의 경제성장은 상호의존의 심화를 가져왔다. 연성지역주의의 견해에 의하면, 상호의존의 심화가 시장 메커니즘에 의해 상호이익의 조화를 이룬다고 주장한다. 그러나 아시아 경제에 있어서는 시자의 자연적 조화가 이루어지는 데 실패한 예가 많다.

안행형태론의 경우, 아시아 경제성장이 발전단계별 후진국으로 파급되어야 하는데, 앞에서 살펴본 바와 같이 일본이 자국기업을 저개발국 진출로 인해 후진산업에 교란이 일어나게 되었다. 일본의 정책은 많은 산업 부문에 과잉투자와 과잉생산이라는 부작용을 가져왔고, 이는 아시아 경제전체의 부담으로 작용하였으며 결과적으로 IMF 위기의 원인이 되었다.

따라서 이러한 중복투자로 인한 과잉 산업에 대한 문제는 시장에 맡겨놓기보다는 해당국가의 정책적인 협조를 통한 구조조정이 요구되는 것이다. 국가간 정책 조정을 하여 전략적 산업을 분배하고 산업간·산업 내 분업을 확대시킨다면, 수출 단가의 하락으로 인한 출혈경쟁을 방지하고 역내 국가의 전체적인 후생을 크게 개선시킬 수 있을 것이다.

연성지역협력 접근법의 두 번째 문제는 동아시아 경제가 일본에 과도하게 의존되어있다는 점이다. 이러한 수직적·의존적 관계는 일본 경제의 부침(浮沈)에 따라, 동아시아 전체 경제에 영향을 주게 되었다. 일본의 불황이 장기화됨으로써 역내 국가 전체의 경제성장에 제동이 걸렸고, 결국 금융위기의 원인으로 작용하게 되었다.

일본은 자국 경제가 침체에 빠지자, 부실기업(不實企業)으로 인해 금융권 전체가 불안정해졌고 소비도 급격히 위축되었다. 일본경제의 정체는 해외투자의 부진과 수입시장의 축소를 가져왔고, 이는 동아시아 국가의 투자유입 감소와 수출부진으로 이어졌다. 이러한 문제들은 경제적 메커니즘에 맡겨두고, 국가간 협력이 부재하였다는 데 그 원인이 있다 하겠다. 따라서 경제적 상호의존과 유기적 관계가 심화된 현재, 시장이 해결할 수 없는 부분에 대하서 국가간 적극적인 정책 협력으로 개입할 필요가 있는 것이다.

(2) 동아시아의 경제위기

가. 위기의 발생과정

1990년대에 일본을 비롯한 서구 자본들이 아시아 각국에 대거 유입되기 시작하였다. 뮤츄얼 펀드 투자은행 연기금 기업예금 등 서구 선진국의 금융기관 자금들이 동아시아 지역을 유망한 투자대상지로 주목한 것이다. 이 과정을 더욱 촉진시킨 것은 동아시아 각국 정부의 자본자유화 정책이었다. 1980년대 후반부터 본격화된 1990년대에 이르면서 동아시아 경제는 이미 외자(外資) 의존형 경제성장을 하게 된다.

이는 시장의 논리에 의해 움직이는 자본의 양과 비중이 크게 확대되었음을 의미하는 것이다. 동아시아 국가들은 이 같은 국제 자본의 움직임에 힘입어 고도성장을 구가했다. 그러나 동아시아의 외자의존형 경제성자은 곧 성장의 지속을 가로막는 원인으로 바뀌게 된다. 동아시아 각국의 자본자유화 가속화는 자본 유입을 확대시키고, 이는 다시 구갠 소비증가와 환율의 고평에 의한 무역수지 악화를 초래해 경상수지 구조를 취약하게 만들어갔다. 더욱이 경상수지의 악화는 외채의 증가로 이어지는 악순환으로 이어지기도 했다([그림 4] 참조).

경상수지 적자구조가 심화되자 동아시아에 유입되는 외국자본의 성격은 점점 더 단기화(短期化)해갔다. IMF에 따르면, 예를 들어 태국의 경우 1994~1996년의 3년 동안 유입된 단기외자의 규모는 국내총생산의 7~10퍼센트에 이르렀으나, 장기자금이라고 볼 수 있는 직접투자 자금의 유입규모는 국내총생산의 1퍼센트에 불과하였다. 외국자본의 유입은 국내투자활동을 촉진함으로써 장기적으로 경상수지 개선에 기여하기도 한다. 그러나 유입된 자본이 수출산업 쪽에서 생산적으로 활용되지 않고 당장 외환시장에서 환율의 평가절상을 가져오고 국내 통화량 증가를 통해 소비를 확대하는 쪽의 효과를 내어 경상수지의 악화를 가져오기도 한다.

유입된 외국자본이 단기자금 위주가 됨으로써 투자촉진보다는 단기적인 환율절상 압력과 거품경제를 낳게 되었다. 또 장기자본 위조로 외자가 유입되더라도 한국과 같은 원자재의 대외의존도가 높은 국가의 경우에는 생산고 수출이 늘어나기 전에 생산 확대를 위한 원자재 수입 수요를 늘려 경상수지를 악화시키는 원인이 되었다.

[그림 4] 외자유입의 악순환 과정

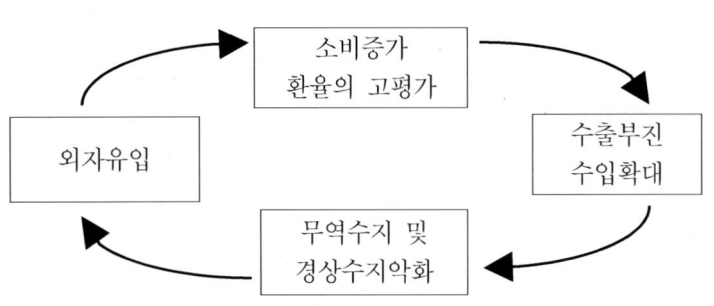

동아시아의 외자유입은 이런 부정적인 효과가 크게 나타났던 것이다. 또 경상수지가 크게 나빠지면 정책당국이 경상수지 개선을 위해 환율의 평가절하를 추진할 것이라는 기대감을 외환시장에 불러일으켜 대외균형을 교란시키는 작용을 하기 쉽다. 외환시장에 특정 통화의 환율 평가절하에 대한 기대감이 생겨나면 경상수지적자를 보전(補塡)하기 위한 자본도입이 어려워지고 자본유출이 일어나게 되었다.

금융위기의 원인 중의 하나로 세계화 추세의 심화에 따른 국제금융시장의 변화와 국제투기자금의 공격을 지적할 수 있다. 국제적인 초단기(超短期) 투기자금의 공격이 동남아 외환위기에 미친 영향에 대해 말레이시아의 마하티르 수상은 미국 최대의 투자신탁회사 (Quantum Group of Fund)의 회장인 조지 소로스와 같은 탐욕스러운 투기꾼들에게 모든 책임이 있다고 비난하면서, 미얀마의 ASEAN 가입을 허용한 데 대한 보복으로 동남아 국가들의 통화를 공격했다고 비난했다[76].

정보화의 세계적 확산에 따라 신속하게 이동하는 국제금융자본, 그 중에도 특히 실물경제와 무관하게 독자적으로 움직이는 대규모 핫머니(Hot Money)는 엄청난 파괴력을 가지고 있다[77]. 이러한 핫머니가 동남아 금융위기를 촉발시켰다는 사실이 제기되었다. 즉 1997년 7월 환(換)투기자들은 먼저 태국 바트화를 공격했는데, 7월 2일 바트화를 18퍼센트 평가절하시킨 이후 그들은 재빨리 다른 인접국으로 방향을 돌렸다. 그들의 다음 대상은 필리핀이었으며, 필리핀당국은 페소화를 방어하

76) *Far Eastern Economic Review*, 1997. 10. 2.
77) 이주명(1998), 박광주 편(編), "아시아보고서", 「신자유주의와 아시아의 경제위기 그리고 한국」(부산: 부산대학교출판부), pp. 118~148 참조.

기 위해 수억 달러를 소모하였다. 그 다음 차례로 말레
이시아도 환공격을 막기 위해 중안은행은 이자율을 50
퍼센트 상향시켰으며, 수십억 달러를 링기트화 방어비
용으로 사용하였다[78].

세계화된 경제체제에서 자본은 점점 더 자유롭게 투
기와 이윤의 원리에 따라 움직이는 존재가 되었다. 그
리고 이러한 자본 흐름의 예측할 수 없는 움직임이 국
가의 고유한 경제정책수립과 집행능력까지 제약하였
다.

동아시아 경제가 일단 불안한 징조를 보이자 국제적
인 자금 흐름이 동아시아를 일시에 외면하기 시작했고
이런 움직임에는 투기자본과 투자자본의 구분이 없었
다. 국제자본의 외면은 이 지역 국가들로 하여금 국제
자본시장에서의 자금 조달을 하는 데 어려움을 겪게 되
었다. OECD의 한 조사보고서에 따르면 한국을 제외하
고 중국 홍콩 대만 인도네시아 등 동아시아 11개 개발
도상국이 1997년 중 국제자본시장에서 자금을 조달한
실적을 보면 태국 통화위기 직전인 5월부터 조달 실적
이 급감했다. 채권 발행에 의한 해외자본 조달은 1996

---

78) Leif Roderick Rosenberger(1997), "Southeast Asia's Curren-
cy Crisis", *Contemporary Southeast Asia*, Vol. 19, No. 3.
December, p. 224.

년 1~9월 143억 달러에서 1997년 1~9월에는 210억 달러로 46.9퍼센트, 주식 발행에 의한 자금 조달은 같은 기간에 걸쳐 79억 달러에서 104억 달러로 31.6퍼센트가 각각 늘어났다. 그러나 1997년 1~9월의 자본 조달 실적을 1~5월과 6~9월로 나누어 비교하면 채권 발행 증가율이 1~4월 10퍼센트에서 5~9월 33퍼센트로 주식 발행 증가율은 1~4월 62퍼센트에서 5~9월 18퍼센트로 낮아졌다.

이런 현상은 1997년 5월 이후 태국 바트화에 대한 투기적 공격이 본격화했고, 특히 7월 이후에는 바트화 유동화 조처에 따른 동남아 국가들의 연쇄적인 위기 전염 우려로 이 지역에 대한 투자자들의 투자심리가 크게 냉각되어 가고 있었음을 보여주는 것이다. 특히 10월 이후에는 동아시아에 들어와 있던 국제자본이 급격히 철수함으로써 통화위기가 도래하게 되었던 것이다.

이러한 국제금융자본의 움직임이 특정한 통화에 대하여 '한 방향의 공격(one-way bet)'을 감행한다면, 자신들이 원하는 결과를 거의 확실하게 실현시킬 수 있다. 물론 외환시장에서 어떤 통화에 대한 공격이 항상 한 방향으로 이루어지는 것은 아니다. 따라서 경제적 기초의 변화나 이에 관한 정보가 여전히 중요한 역할을 한다. 그러나 이 경우에 있어서도 외환시장의 반응은 종종 과

민하게 일어나고, 그 결과 잘못 조정된 환율체계가 오랫동안 계속되는 경향을 보여주거나 경제적 기초와 거의 무관하게 외환위기가 발생하기도 한다. 국제통화/금융시장에서 자본의 이동이 군집현상을 보이는 이유는 그렇게 하는 것이 국제금융자본의 입장에서 이익이 되기 때문이다. 외국자본의 유입이 증대하면 경제성장이 부풀어지고(거품경제) 환율이 인하(평가절상)되는 효과가 있기 때문에 외국자본의 이익이 실현되기 쉽다. 예컨대, 증권시장에 외국자본의 유입이 증대하면 주식가격의 상승에 따른 이익과 환율의 하락에 따른 환차익을 동시에 즐길 수 있는 이치와 마찬가지이다. 외국자본의 유출이 일어날 경우에도 개별 외국자본의 입장에서는 환차손등의 손해를 보지 않기 위해서는 가능한 먼저 탈출하는 것이 이익이다. 따라서 외국자본의 유입이나 유출이 군집현상을 보이게 된다79).

세계금융의 시대에 외환위기가 일어나기 쉬운 또 하나의 본질적인 이유는 대규모 외자유입의 정치경제적 모순효과 때문이다. 위에서 지적한 자본이동의 위험성이 종종 실현되는 이유도 바로 외자유입이 국내의 정치

---

79) 정진영(1999), "국제통화/금융질서의 변동과 동아시아의 외환위기." 백광일·윤영관 편 「동아시아: 위기의 정치경제」 (서울대학교), p. 47.

경제에 미치는 모순적인 효과 때문이다. 외자유입은 한 편으로 자칫 국제경쟁력을 약화시키는 위험을 안고 있다. 따라서 유입된 외자가 생산적인 부문에 투자되어 수출증대를 가져오는 방향으로 사용되지 않는 한, 외환 위기가 일어날 가능성이 증대한다.

세계금융이 안고 있는 위와 같은 위험에도 불구하고, 세계금융의 시대는 또한 국가가 자신의 운명을 통제할 수 있는 능력을 약화시킴으로써 외환위기의 발생가능성 을 더욱 높인다. 개별국가들의 입장에서는 세계금융의 시대를 맞아 심각한 딜레마에 봉착하게 되었다. 국내의 자본 금융시장을 폐쇄하면 세계금융의 혜택을 누릴 수 없게 되어 국제경쟁에 뒤질 위험이 있고, 개방하면 자 본의 자유로운 이동에 의해서 국가의 정책 자율성이나 경제에 대한 통제력이 급격히 감소한다. 대부분의 국가 들은 자국의 바깥에 존재하는 엄청난 국제자본의 유입 을 원하고 있다.

세계금융의 시대를 맞이하여 거대한 자본이 국경을 초월하여 손쉽게 이동하고, 그것도 집중현상을 나타내 기 때문에 외환위기를 촉발시키는 경향이 강력하다. 더 욱이 이에 대처하여 국내경제를 운영할 국가의 능력과 자율성이 약화됨에 따라 위기의 징후에 효과적으로 대 응하기도 힘든 실정이다.

동아시아 국가들의 비약적인 경제성장은 상당한 부분이 달러화와 연관된 통화안정의 덕분이었다. 그들의 수출경쟁력은 일본의 엔화강세에 기인하였다. 그러나 1995년 미국과 일본은 양국의 국가적 이익이 달러화 강세와 엔화 약세(弱勢)에 있다는 데 동의하였으며, 그 결과 1995년에서 1996년 사이에 달러는 엔화에 대해 40퍼센트 상승했다. 이로 인하여 동아시아의 실거래(實去來) 환율부담 또한 2년간에 걸쳐서 5~8퍼센트 상승했으며, 수출경쟁력이 약화되었던 것이다. 일본의 수출촉진을 위한 엔화의 평가절하는 동아시아 경제위기를 촉발시킨 원인이 되었다.

한편 중국은 1994년 1월 이중환율제도를 단일화하여 1달러에 5.8위안이던 공정 환율(公正換率)을 8.7위안으로 35퍼센트 대폭 평가절하 하였는데, 이는 평가절하된 환율을 인위적으로 고정시켜 시장경쟁력을 높이고 선진국자본을 중국으로 유입(流入)시키기 위한 것이었다. 이로 인하여 중국과 경쟁관계에 있는 동아시아 국가들의 가격경쟁력이 크게 약화되었다. 중국은 섬유·신발·전자 등 수출산업의 구조가 동아시아 국가들과 유사하여 해외시장에서 경쟁상대로 부각되어 왔는데, 양자(兩者)의 지속적인 고도성장과 과잉생산은 경쟁을 더욱 심화시켜왔었다. 특히 중국의 위안화 절하는 동아시아 다른 국가들의 수출에 커다란 타격을 입혔다.

나. 위기의 전염효과

1997년 7월 초에 발생한 태국의 외환위기는 곧 이어 인도네시아, 한국 등 주변국가에 급속히 전염되었다. 그 이유는 동아시아 국가들이 지난 10여 년 동안의 급속한 성장과정을 통하여 서로 상호의존과 경쟁의 관계에 놓이게 되었던 사실에서 발견된다. 동아시아 지역경제의 통합증대가 외환위기의 전염을 통한 확산에 기여한 이유는 크게 두 가지로 나누어 살펴볼 수 있다. 하나는 무역관계를 통한 파급효과이고, 다른 하나는 외국자본의 집단적인 이탈을 통해서이다.

우선 무역관계를 통한 파급효과부터 살펴보자. 동아시아 국가들은 모두가 수출주도형 경제발전 전략을 선택했고, 그 결과 1980년대 중반 이후 급속한 성장을 구가했다. 엔고와 일본자본의 동아시아 지역으로의 유출증대가 이러한 추세에 기여했다. 한국·대만·싱가포르 등의 발전경험과 이들 신흥공업국들로부터의 투자증대도 비슷한 결과를 가져왔다. 그 결과 1980년대 중반 이후 동아시아 국가들은 서로에게 좋은 시장을 제공했다. 즉, 무역을 통한 상호의존이 증대했다. 이번 외환위기로 인하여 가장 심각한 타격을 받은 한국·인도네시아·태국·말레이시아의 경우를 보면, 이들의 동아시아 국가들에 대한 수출시장 의존도는 대략 45~55퍼센트로 미국이나 유럽시장에 대한 의존도보다 높다. 이들 국가들은 또한 미국과 같은 제3국 시장에서 서로 경쟁해야 하는 관계에 놓이게 되었다. 이러한 상황에서 이들 중 특정국가에서의 외환위기는 다른 국가의 수출에 큰 타격을 줄 수밖에 없다. 일국의 외환위기는 우선 주변국들의 그 나라에 대한 수출을 감소시킬 것이고, 제3국 시장에서 위기국과의 경쟁에 불리한 위치에 놓이게 되기 때문이다. 더욱이 엔저와 일본경제의 침체국면과 맞물려 일국의 외환위기는 주변국의 무역수지 적자를 확대시킬 수밖에 없는 상황을 초래했다. 즉 일국의 외환위기가 주변국들의 무역에 악영향을 미쳐 이들의 무역수지 적자 확대와 그에 따른 대외신인도 하락을 초래할 수 있게 된 것이었다.

외국자본의 이탈이 집단적으로 일어나는 이유도 같은 맥락에서 이해될 수 있다. 상호의존적이 한 국가에서 외환위기가 발생하면 다른 국가의 경제에 악영향을 미치고 그 나라의 통화에 평가절하 압력을 미칠 것이 분명하다. 이러한 상황에서 외국자본은 평가절하에 따르는 환차손을 피하기 위해 가급적 빨리 탈출하려 할

것이다. 더욱이 특정국가의 외환위기가 밀접한 상호 의
존관계에 있는 주변국으로 확대되면, 위기의 영향력이
더욱 커져 마치 지역 전체가 위기에 빠져 든 것 같은
현상이 초래된다. 역내 각국의 통화 사이에 경쟁적 평
가절하(competitive devaluation)의 압력이 가중되고,
국제금융기관들에게 경각효과(wake-up call effect)를
불러일으켜 자본이탈이 지역 전체로 확산된다. 그 결과
위기가 국가 수준에서 지역 수준으로 확대되고 심화되
는 악순환이 초래된다.

이러한 위기의 전염을 막기 위해서 동아시아 국가들
사이의 지역협력을 강화할 필요가 절실하다. 1997년 중
반 이후 동아시아 국가들이 연쇄적으로 외환위기에 빠
져든 주요 이유 중의 하나는 동아시아 국가의 경제통합
추세에도 불구하고 이를 조정하고 관리할 역내협력체제
가 구축되지 못했던 사실이다. 이러한 상황은 개별국가
들이 위기극복을 위해서 독자적인 길을 추구하고 있는
사실에서도 확인되고 있다. 개별국가의 노력으로 위기
를 극복하기에는 어려운 상황이다. 또한 동아시아 국가
들이 협력하여 외채 재조정의 문제나 국제통화나 금융
질서의 개편, 엔 또는 달러 환율의 안정과 관련하여 공
동의 목소리를 낼 수 있어야 효과도 있다. 따라서 동아
시아의 지역협력이 보다 적극적으로 추진해야 하는 당

위성이 여기에 있다.

다. 신(新)지역협력의 필요성

동아시아 금융위기의 원인을 요약하면; 첫째, 자유화된 동아시아 외환시장으로 대규모 투기자본이 유입되면서 불안정을 유도하였고, 둘째, 상호의존적인 경제관계는 위기를 쉽게 인접 국가로 전염시켰다는 것이다. 자본의 세계화는 국가의 자율성을 제한하게 되었고, 그 위력 앞에서 개별국가의 대응은 무기력한 것이었다. 이제 이러한 상황 속에서 지역적인 규제 장치가 제안되었고, 환투기에 대한 공동 대응을 필요로 하게 하였다.

현재로서는 위기를 맞은 각국이 역내협력을 통한 리저널리즘(regionalism) 방향으로의 해결보다는 IMF지원에 의지하는 글로벌리즘(globalism) 방향으로 해결코자 하고 있으나 다른 한편 지금까지의 IMF식 처방에 대한 비판적 시각도 점차 고조되고 있는 실정이다. 위의 리저널리즘으로의 방향선회와 관련하여, 아시아 통화권 창출 등 국가 차원의 협력이 요구된다. 1999년 1월부터 EU의 유로화 창출이 현실화됨으로서 유럽 내에서는 물론이고 아시아 등 제3의 지역에까지도 통화 금융 면에서 기존의 달러거래를 새 유로화 거래로 대체가 가능해지게 되었다. 유럽에서의 유로화 결재비중이 높아진다고 하면 그것은 아시아에 대해서도 예컨대 엔화 결재비중을 높이게 되는 간접적인 효과를 가져올 수도 있을 것이다. 이러한 관점에서 1997년 잠시 그 필요성이 제기된바 있는 아시아통화기금(AMF: Asian Monetary Fund) 창설 구상이 어떤 형태로든지 구체화될 필요성이 대두된 것이다.

역내 국가들은 어떠한 형태로든 유럽과 미국과는 다른 자신들의 입장을 정리하고 공동으로 설명할 수 있는 협의체 구성을 시도해야 할 것이다. ASEAN과 APEC, 아시아개발은행(ADB: Asian Developmental Bank) 등 기존의 역내협력기구가 동아시아 금융위기를 전후해 투자를 유인하고 무역을 확대하기 위해 노력했으나 전혀 실효를 거두지 못하였다. 대부분의 동아시아 국가들은 시장과 자본에 있어 미국과 유럽에 대한 의존도가 매우 높다는 공통점을 갖고 있다. 따라서 1997~1998년에 발생한 금융위기에서도 볼 수 있듯이 적어도 금융분야에 있어서 자본을 장악하고 있는 미국과 유럽이 압력을 가할 경우 이에 집단적으로 대응할 수 있는 방안이 없는 상태다. 한국·태국·인도네시아뿐만 아니라 일본을 다룸에 있어서도 미국은 각 국가의 경제적 발전 정도와 정치적 상황이 다르다는 점을 이용, 개별적으로 대응하여 자국의 자본이익을 성공적으로 극대화하는 데 성공하였다. APEC의 참여를 통해 자유화와 개방화를 진전시킨 동아시아 국가들은 1997년과 1998년에 발생한 금융위기의 희생자가 된 반면 배타적 무역협정을 통해 동아시아권 시장접근의 강도를 위축시킨 NAFTA 회원국들은 호황을 누릴 수 있었다.

세계경제의 위기를 해결하는 데 있어서 국제적 협력에 기반한 공동대응은 대단히 중대한 사안이다. 과거처럼 위기 시에 강력한 패권을 가지고 해결할 국가가 존재하지 않으며 선진국 상호 간의 공조도 이해관계의 상충으로 쉽게 이루어지지 않고 있다. 신국제금융질서의 개편과정이 불투명한 상황에서 본격적인 역내협력 체제를 구축하지 못한 동아시아 국가들에 있어서 지역협력의 강화는 위험을 분산시키는 중요한 역할을 할 수 있다는 것이다[80]. 아시아경제의 위기가 세계적 공황으로 발전할 가능성도 배제할 수 없는 상태에서 아시아 역내의 협조 노력이 절실한 상황이라고 할 수 있다. 역내 외환 및 금융협력 시스템이 부재 때문에, 위기 발생시 정보 교환과 협조체제 미비로 아시아 위기는 단기간에 심각한 수준으로 확산되었다는 것이다. 또한 아시아 각국이

---

80) 배긍찬(1998), "동아시아 금융위기와 지역경제협력 전망", 「주요국제문제분석」 98-43, p. 5.

IMF의 프로그램을 준수하면서 긴축정책을 사용하게 되자 아시아 전체의 총수요가 부족해지고 수출이 감소하면서 경기침체가 가소화되었다.

국가 협력의 중요한 목적은 협조를 토해 근린궁핍화정책(beggar-thy-neighbour)을 피할 수 있다는 것이다. 아시아 각국이 자국의 위기해소를 위해 평가절하를 단행하는 경우 다른 국가에 당장 영향을 미칠 수 있다. 전체적으로 '순환'의 과정에 놓여있기 때문에 정책협조를 통해 선순환(善循環)으로 전환시킬 필요가 있는 것이다.

달러에 대한 과도한 의존으로 환율변동에 매우 취약한 아시아 통화질서에서는 달러의 급격한 유출입과 환율변동을 흡수해 줄 대체통화의 필요성도 제기하게 되었다. 따라서 아시아 통화협력체제를 구축하여 달러화에 대한 의존도를 낮추려는 것이다. 유료화의 탄생은 달러에 대항하기 위한 지역협력의 결정판이라고 할 수 있다. 국제적 협력을 도출하기 위한 아시아 지역 내 정책적 합의와 제도의 구축이 필요한 것이다81).

---

81) 일본의 대장성 차관 사카기바라가 아시아의 경제위기를 아시아적 발전모델의 특성상 드러난 한계라기보다는 세계 자본주의 자체의 본질적 속성에서 그 요인을 찾고 있는 것은 서구 자본주의 문명사 전체에 대한 비판적 반성을 강조하고 있다는 점에서 후발 자본주의 국가들의 선택에 중대한 도전이 될 것이다. 우제룡(1998), "IMF의 동아시아 금융위기 처리조치

IMF의 위기는 어쨌든 동아시아 지역협력의 필요성을 각인(刻印)하는 계기가 되었다. IMF는 획일적 프로그램의 적용으로 아시아 국가들의 경제적 침체를 악화시키고 역내국들의 성장 잠재력을 크게 잠식시켰다. 게다가 아시아 국가들의 금융부문을 개방시키고 우량기업을 저렴하게 구입하게 됨으로써 주요 선진국의 이익만 크게 증대되었다는 비판을 받고 있다. 이러한 상황을 반성하고, 동아시아 국가의 지역협력은 더욱 활기를 띄게 되었다. 그동안 지역협력에 일관되게 소극적 자세를 보였던 일본이 IMF 처방을 놓고 미국과의 날카로운 대립을 지속하였고, AMF나 미야자와 구상 등 독자적인 아시아 역내 국가의 지원방안을 발표하기도 하였다. 한국과 ASEAN은 이러한 일본의 지원책에 대해 지지를 보이고 있어 동아시아 지역협력은 새로운 국면으로 접어들게 되었다. 미국 등 역외 국가들도 특수한 상황을 인정, 과거의 부정적인 입장이 크게 완화되었다.

IMF 위기는 또한 동아시아 지역협력의 범위를 확대시켰다는 의미도 가지고 있다. 전통적인 협력의 개념은 주로 무역부문의 자유화나 직접투자의 활성화 등에 치중되어 있었다. 그러나 IMF 위기로 인해 금융부문의 중요성이 대두되었으며 동아시아 국가간의 지역적 공조와

에 대한 비판", 「신동아」 7월호.

협력의 필요성이 부각되게 되었다.

IMF 위기는 역내 국가들의 경제적인 침체와 후퇴를 가져왔지만, 지역협력의 입장에서 볼 때는 반전의 기회로 발전시킬 수 있는 것이다. 과거에는 동아시아 지역협력에 대한 논의가 폐쇄적 블록의 형성이라는 의구심을 야기하였으나, 금융위기라는 특수한 상황은 협력에 대한 부정적인 시각을 불식(不息)시킨 것이다. 따라서 동아시아 국가는 이러한 여건을 충분히 살려 지역협력을 제도화하는 데 적극 노력해야 할 것이다.

제4장 개별국가의 입장과 전략

제1절 동북아 국가

(1) 중 국

1987년 이전까지만 해도 중국은 인접 동아시아 국가들과의 지역경제협력에 경계의 태도를 가지고 있었다. 동아시아의 지역 협력이 일본을 비롯한 서방자본의 침투를 가져와 중국과 개발도상국을 착취하려는 것은 아닌가 우려했다. 경제개방과 개혁은 확대되었으나, 경제적 지역주의 대한 중국의 부정적 인식은 계속되었고, 홍콩과 화교(華僑)자본의 제한적 유입만 허용하였다[82].

중국은 특히 1990년대에 접어들어 탈냉전에 걸맞은 국제적 틀이 재정비되고 특히 동아시아에서의 관계 재구축(再構築)이 모색 되었다. 중국은 아시아 지역의 질서가 다극화(多極化)되어감으로써 특정한 패권에 의한

---

82) Moore. T. G and Yang Dixia(1999), "China, APEC and Economic Regionalism in the Asia-Pacific", *The Journal of East Asian Affairs*, Vol. 13, No. 2, p. 362.

것이 아닌 미·중·일·동남아 등 다원적인 질서를 형성하는 것이 바람직하다고 보고 있다[83].

중국은 특히 일본의 군사대국화에 우려하면서, 아시아 지역에 대한 자국의 영향력 강화에 많은 노력을 기울여 왔다. 중국은 특히 아시아 지역의 경제적 상호의존도 심화에 많은 관심을 가지게 되었다. 중국은 세계경제의 지역화 현상이 민족과 국가의 범위를 초월하는 국제관계를 가능하게 하는 촉매로 작용하고 있으며, 국가간 상호의존을 더욱 증대시키고 국가간 협력관계를 증진시키는 데 기여할 것으로 보는 것이다. 지역 간 상호의존도의 심화는 국가간 신뢰구축에 도움이 되고 지역 국가간 경쟁의 규칙을 보다 협력적인 방향으로 전환시키는 데 기여하게 될 것임이 분명하다. 이와 같은 중국의 대(對) 동아시아정책의 변화는 자국에게 경제발전에 집중할 수 있는 여건을 조성해 주고, 대외적으로는 지역협력을 촉진시키기 위한 것으로 볼 수 있다[84].

---

83) 신상진(1996), "중국의 대(對) 동남아 정책", 「중국연구」 p. 147.
84) 중국은 이데올로기보다 국가의 실리를 중시하는 대외정책 노선을 더욱 확실히 추구하고 있다. 1990년대 들어 중국의 지도자들은 공식적으로 중국에게 안보·경제적으로 이익이 될 것인가에 입각하여 대외관계를 설정해 나갈 것이라는 점을 천명하고 있다. Chen Qimao(1993), "New Approaches in China's Foreign Policy: The Post-Cold War", *Asian Survey*, Vol. 33, No. 3(March 1993), pp. 241~245.

중국은 1980년대 이후 지금까지 세계에서 가장 역동적인 경제발전을 이루어 왔다. 이에 따라 중국은 한국 및 동남아 국가들과 수교하면서 사회주의 국가에 대한 기존의 무조건적인 지지·지원정책을 철회하고 대내경제발전에 부합하는 대외정책목표를 설정하고 있다. 중국은 주변 환경의 안정과 평화를 유지하는 데 대외정책의 최대 비중을 두고 있는 것이다. 이와 같은 중국의 대(對)동아시아 정책의 변화는 미국의 대 중국 봉쇄전략(封鎖戰略)을 차단하고 일본의 정치·군사 대국화에 대처하기 위한 수단으로 볼 수 있다.

중국과 동아시아 국가들 특히 동남아 국가관계가 우호관계를 형성하게 된 것은 경제발전이라는 공동의 목표뿐만 아니라, 인권과 민주화에 대한 미국의 압력에 대해서도 공동입장을 가지고 있기 때문이다. 그들은 각국이 지닌 독특한 역사, 문화, 사회 상황 등을 고려해서 인권이나 민주화 일정을 유보할 수 있으며, 인권문제를 이용한 타국의 내정간섭에 대해서도 강력하게 반대하는 입장을 취하고 있다[85]. 이러한 주변적 환경은 중국으로 하여금 동아시아 지역협력에 관한 적극적인 관심을 불러일으키게 하고 있다.

---

85) Yu Ha Nyun(1994), "Human Rights in China", *Beijing Review*, December 12~18. pp. 29~31.

중국은 아직 개발도상국으로서 단일국가경제로 세계
경제에 편입해야 하는 과도기 가운데 있다. 더구나 중
국경제가 국내에서는 지역경제를 중심으로 발전하다보
니 국가경제적 차원에서의 응집력도 매우 미약한 상태
에 있기 때문에 세계경제가 요구하는 일반적 규범에 취
약한 국내경제구조를 보이고 있다. 현재의 동아시아 금
융위기에 대한 중국의 대응책에 대해서도 지속적으로
동아시아 지역 국가들과의 경제협력을 강화하고 금융안
정장치를 도모하면서 전 세계적인 지역경제의 흐름에
중국과의 지역적 협력을 더욱 강조하고 있다[86].

---

86) WTO가입을 둘러싼 미국과의 갈등은 단순히 국가적 관계의
의미보다는 중국경제의 주조적인 변화의 실험장으로 나아가
는 전초전인 셈이고 세계경제로의 진입과정에 중국이 겪고
있는 불안정성의 반영으로 볼 수 있다. 만약 중국이 EU나
NAFTA와 같이 지역적 완충지에 중국경제의 안정적 발판을
구축하지 못한 채 바로 세계경제의 제도적 통합에 노출된다
면 중국경제는 어려움에 직면할 가능성이 높다. 남광규
(1998), "중국경제: 지역화(Regionalization)를 통한 중국경
제의 확대-화남경제권과 동남아 화교자본을 중심으로", 「
국제지역연구」(한국외대 외국학센터), 제2권 제3호, pp.
69-70.

<표 10> 중국의 주요 경제지표

	'95	'96	'97	'98	'99	'00	'01	'02	'03	'04
GDP (십억元)	5,773	6,779	7,477	7,955	8,205	8,900	9,580	10,200	11,660	13.650
실질GDP 증가율(%)	10.2	9.7	8.8	7.8	7.1	8.0	7.3	8.0	9.1	9.5
물가상승률(%)	14.8	6.1	0.8	-2.6	-3.0	0.4	0.7	-0.8	1.2	3.9
총무역액(억불) 수출 수입 무역수지	2,809 1,488 1,321 167	2,899 1,510 1,388 122	3,251 1,827 1,424 403	3,240 1,833 1,402 436	3,607 1,949 1,658 291	4743 2492 2251 241	5,908 2,662 2,436 226	6,208 3,256 2,952 304	8,512 4,384 4,128 255	11,547 5,934 5,614 320
외국인투자 (억불)	377	424	452	456	404	407	469	527	535	606
총외채 (억불)	1,066	1,160	1,309	1,460	1,518	1,457	1,704	1,685	1,936	-
환율	8.31	8.32	8.28	8.27	8.28	8.27	8.27	8.27	8.27	8.27
외환보유고 (억불)	736	1,050	1,399	1,450	1,547	1,656	2,122	2,864	4,033	6,099

자료: 주중한국대사관(2005년)

그러므로 제도적인 세계경제의 경쟁에 바로 노출되기 이전에 중국이 안전판을 마련할 필요가 있는 것이다. 그 형태는 1980년대 중반이후 실질적으로는 통합적 경제권역으로 이미 긴밀한 관계로 접어든 중국·홍콩·대만을 중심으로 한 화남경제권(華南經濟圈)의 확대 및 통합과 동남아에 산재한 막강한 화교자본과의 유기적인 연대를 통한 중국경제권의 확대가능성이다.

화남경제권은 광동성·복건성·해남성을 포함하는 중
국의 남부 지역과 대안으로 국경을 사이에 둔 홍콩·
대만을 포함한다.

중국을 중심으로 한 광의의 중화경제협력으로 볼 때
중화경제는 제도적 형태의 경제통합(economic inte-
gration)보다는 국가 협정이 따로 필요치 않는 특징을
가진 기능적 통합을 중심으로 하는 지역경제의 확대인
화남경제권과 비공식적 네트워크로 현재의 중국현실에
오히려 잘 연결될 수 있는 특징을 가진 화교자본의 구
성을 보이고 있다. 화교자본이 비공식적인 채널을 통
해서 움직인다는 점도 오히려 자본을 비롯한 중국 내
투자 유치에 있어서 중국 정부의 융통성을 넓혀 준다
는 점에서 유리하게 작용하고 있다.

중국이 동아시아 국가들이 공통적으로 직면하고 있는
외연적 확장을 통한 경제성장의 한계론과 국가경제의
형성 및 세계의 압력이라는 이중적 구조조정의 문제에
직면해 있는 상황에서 국민경제로의 이전(移轉)과 세계
경제로의 편입에 중화경제는 완충적 혹은 보호적 역할
을 할 수 있을 것이다.

탈냉전의 신국제질서는 전통적인 안보위협인 구소련
이 붕괴됨으로써 중국에 유리한 환경을 제공하였지만,
미국의 견제 대상으로 변화함으로써 새로운 도전이 되

고 있다. 게다가, 전통적인 지역경쟁국 일본이 미국과
동맹을 맺고 대(對) 중국 공동전선을 형성하는 등 중국
을 긴장시키고 있다. 따라서 중국이 한국과 ASEAN 등
여타 동아시아 국가관계가 악화될 경우 미국의 포위정
책에 의해 압박을 받을 수밖에 없다. 중국으로서는 동아
시아 국가들과의 긴장과 마찰을 줄이기 위해 동아시아
지역협력의 구상이 유효적절한 대응 수단으로서 활용될
수 있을 것이다.

말레이시아의 마하티르 수상에 의해 제창된 EAEC에
대한 중국의 입장은 아시아 문제의 아시아화(化)를 표
방하고 있는 점에서 적극 지지하고 있다. 이 구상은 동
남아에 대한 일본의 과도한 경제적 영향력을 견제하고
APEC이 미국의 주도하에 좌우되는 것을 견제하는 데도
기여할 것으로 중국은 보는 것이다. 아울러 동(同) 구상
은 중국이 의도하고 있는 대중화경제권 형성에도 유리
하게 작용하고 중국과 ASEAN의 외교적 거리를 좁히는
데도 기여할 것으로 보고 있는 것이다[87].

중화경제권은 중국, 대만, 홍콩을 경제적으로 '하나의
중국(One-China)'로 결속 시키면서 아시아 지역에서

---

87) Guo Zhenyuan(1994), "Prospects for Security Cooperation
   in the Asia-Pacific Trajectory", *Beijing Review*, pp.
   21~22.

중국의 경제적 위상을 제고하고 있다. 공정 환율로 계산한 현행 GDP는 과소평가되어 있으며, 구매력 평가로 계산한 중화경제권의 GDP는 조만간 미국을 추월할 것으로 예상되고 있다[88]. 그러나 World Bank의 전망은 '중국위협론'에 바탕을 두고 다소 과대평가된 측면이 있으며, 실제로는 공식 환율과 구매력평가로 계산한 중간 수준 정도가 될 것으로 추산된다. 1980년대 말부터 홍콩, 대만, 중국의 경제는 서방국가와 동아시아 신흥공업국가의 경기 후퇴 및 성장둔화는 달리 지속적인 성장세를 유지하였다. 이러한 성장은 중국의 경제 개혁과 개방정책에 힘입은 대만·홍콩의 경제협력에 기인한다.

중화경제권의 수요 창출은 아시아 지역의 장기성장에 중요한 요인이다. 아시아 전역의 외환위기 속에서도 중국, 대만 등 중화경제권은 상대적으로 영향을 덜 받았는데 이는 화교의 역할이 매우 컸다. 화교는 이미 중국의 경제발전에 큰 역할을 해왔으며, 개방 초기 최대의 대중(對中) 투자자이었다.

투자재원(投資財源)의 제공, 기술과 기업경영 기법의 전수, 고용 창출 등 경제발전에 직접적 공헌함과 아울러 중국과 아시아 경제와의 교량역할을 수행하고 있다. 화교 자본·상권은 중화경제권을 실질적으로 묶어주는

---

88) World Bank(1998), *Annual Report.*

역할을 수행하면서, 중국과 동남아 각국과의 경제관계 강화에 일조하고 있다. 전 세계 화교인구의 87퍼센트가 동남아 지역에 분포하고 있다. 최근 아시아 외환위기가 서방 투기자본의 음모설이라는 견해도 일부 나오고 있는 가운데, 아시아 경제의 위기극복을 위해 막강한 화교자본의 효율적 동원 노력이 필요했다[89].

화교 자본은 중국의 전략적 입지를 경제적으로 지원해주는 가교(假橋)가 되고 있다. 중국사회 전체의 유연성과 대외개방의 확대에 따라 상호의존이 증대하고 있는 것이다. 뿐만 아니라, 개혁개방 이후 적어도 경제정책 결정과정에서는 이데올로기적 정향이 갈수록 퇴조하면서 투자환경이 안정되어 외국자본의 중국진출에 대한 심리적 부담을 감소시켜 왔다. 또한 정치적으로 '1국 2체제'라는 통일원칙을 제시하면서도 대륙과 대만관계 즉 양안(兩岸) 관계와 홍콩문제에 대해 신축적인 전략을 구사하고 있는 점, 홍콩과 마카오의 순조로운 귀속과정(歸屬過程)을 통해 중국인 사회의 상호 작용을 촉진하고 있다[90].

---

89) 중국의 해외 중국인은 5,500만 명, 유동자산 22억 달러, 생산총액은 5천억 달러이다. Harding Harry(1993), "The Concepts of 'Greater China': Themes, Variations and Reservation", *The China Quarterly*, no. 136, p. 684.
90) 이희옥(1996), "중국계 자본의 동아시아 지배전략: 대중화경제권 형성을 중심으로", 「동아시아 신질서의 모색」 p. 376.

뿐만 아니라 중국은 최근 중국위협론의 불안감 해소에 노력하고 동남아 국가와 과거 혁명수출이라는 불편했던 관계를 불식시키기에 주력하였다. 나아가서 중요성을 더해 가는 동남아 경제에 능동적으로 참여하기 위해 1990년 이후 동남아에 대한 외교적 노력을 주력한 결과 싱가포르, 인도네시아, 베트남 등과 수교하거나 복교(復交)했으며 이후 지속적인 관계개선에 노력하고 있다. 대중화경제권 구성국가간의 관계는 실질적인 이해관계에 따라 전통적으로 화인(華人)과 본토와의 비공식 관계를 중시해왔다. 이러한 문화적 연대에 기초한 비공식적인 관계는 법적, 제도적 관계보다 우선되었으며, 이제까지 이데올로기의 장벽과 중국 정부의 관료제의 장벽도 극복하고 있다. 중국은 현재의 개혁개방정책을 강화하고 해외자본 유치와 경제구조를 조정하기 위해 기존의 사회주의와 현대자본주의를 재평가하면서 이데올로기 유연화와 정책 대안을 강화하고 있다. 이 과정에서 대중화경제권 구성국가의 경제적 비교우위에 기초한 교역과 투자가 확대되고 있다. 우선 대만은 대외무역 의존도가 85~90퍼센트를 차지하며, 높은 저축률과 낮은 투자율에 따른 수출초과 현상으로 900억 달러 이상의 외환을 보유하고 있다. 대만화폐의 평가절상에 이은 소비의 증대로 통화팽창과 물가상승, 노동력 부족에 따른 임금과 토지비용의 상승을 가져왔으며 노동집약형산업의 새로운 거점을 필요로 하게 되었다. 그리고 미국, 일본, 유럽 등의 보호주의의 장벽이 강화됨에 따라 여러 가지 난제를 초래하였으며, 이에 따라 생산거점뿐 아니라 새로운 시장으로써 중국은 중요성을 가지게 되었다. 한편 중국도 대만을 포함한 중국계 자본의 중국진출에 대한 감세(減稅), 산업용 토지 제공, 자금출자의 방법 등의 우대조건을 제공하였다. 이것은 자본과 기술 그리고 경영의 노하우를 이전 받고 대만과 홍콩 및 동남아 중국계 기업과 제3세계시장에 공동으로 진출하여 중국의 경제규모를 확대하고자 하는 발전전략의 소산이다.

중국과 동남아의 거래관계도 폭증하고 있으며, 특히 발전 속도 면에서는 어느 지역보다 빠르게 전개되고 있다. 특히 1991년 8월 국교를 정상화하고 무역협정에 조인한 인도네시아와의 교역량은 1992년 기준 21억 5천만 달러에 달했다. 이 교역의 상당부분은 이 지역의 화교자본이 담당했다. 이들 1,000대 기업의 자산총액은 1조 1,400억 달러로서 주식자본 시가총액의 89퍼센트를 차지했다. 이 1,000대 기업 중 517개 기업은 중국계가 최대단일주주였다. 결국 중국인들이 5,410억 달러의 자산을 보유하고 있는 셈인데, 이 금액은 10개 증권시장 상장주식 시가총액의 약 42퍼센트에 해당하는 것이다.

이들 중국인이 보유한 자산은 2,000억~3,000억 달러를 훨씬 초과할 것으로 보인다[91].

중국경제는 이미 개혁·개방 정책을 통하여 홍콩과 대만 경제와 교류협력이 강화되어 왔고, 홍콩과 마카오가 중국에 귀속되었기 때문에 광동성을 포함한 남부 지역의 경제발전은 더욱 가속될 전망이다. 이러한 상황을 통해 중국이 정치적 정체성을 유지하면서 세계경제의 흐름에 취약한 현재의 입지를 강화할 수 있는 정책으로 동아시아 지역협력을 선택할 수 있는 것이다. 중국은 화교자본의 네트워크 강화로 성공적인 개혁·개방정책과 경제발전을 이루어 왔다. 세계무역질서에 편입되어 가고 있는 중국 경제는, 급속한 개혁과 개방보다 정체성을 유지하면서 점진적 체제 전환을 원하고 있다. 따라서 인권문제로 서방국가와 잦은 마찰을 보이고 있는 중국으로서는 기존의 화교 네트워크를 바탕으로 한 동아시아 지역을 기반으로, 또한 '가치'와 '문화'를 공유하고 있는 동아시아 국가와의 협력이 보다 용이할 것이다.

---

91) *Far Eastern Economic Review*, 1998. 3. 19.

(2) 일 본

가. 지역주의에서 지역협력으로

일본은 아시아 국가들과의 경제협력기구 창설에 대해 가장 적극적인 입장을 보여 왔다. 하지만, 앞에서 언급한 바와 같이 자국 이익중심의 모델만을 제안해 여타 아시아 국가들의 지지를 이끌어내지 못했고, 결정적으로 과거 대동아공영권(大東亞共榮圈)의 역사적 부담감을 완전히 떨쳐내지 못하였다. 이러한 상황 속에서, 1991년 EAEC가 제안되었을 때에도 일본은 미국 등 역외국의 반발 등을 우려해 결국 적극적인 태도를 보이지 않았다.

역사적으로 일본은 후쿠자와의 주장대로 후진적인 아시아로부터 탈피하여 선진적인 서구 국가의 일원으로서 일본의 부국강변을 추구한다는 탈아입구(脫亞入歐)와, 구미(歐美)와 경쟁하기 위해 아시아를 일본의 지원세력으로 만드는 아시아 연대론(連帶論)의 병행노선을 가졌던 선례가 있다. 일면 대립되는 이두 논리는 상황에 따라 반전되면서 서구와 대립될 때는 아시아와 협력하고, 전후(戰後) 경제 부흥이 절실할 때는 미국과 유착하는 장기적 정책변화의 주기를 가지고 있다.

일본은 이제 전후에 축적된 경제력에 자신감을 갖고 자국의 외교력을 신장시키기 위해 주변 아시아국과의 관계를 심화시키려는 전략을 갖고 있다. 이것은 단순히 외교 전략상의 문제만이 아니라 지정학적인 요인과 문화적인 요인도 개입되어있다.

동아시아 금융위기 이후 일본 정부는 아시아 경제의 회복을 강조하면서 아시아 각국들에게 총액 300억 달러의 금융지원을 축으로 한 '미야자와 플랜'을 제안하는 등 아시아 경제 중시정책을 한층 선명하게 하고 있다. 1998년 10월 미야자와 플랜이 발표된 이후부터 1999년 3월말 현재 이 플랜에 의한 금융지원규모는 총 178억 달러에 달하고 있다. 또한 1998년 12월 하노이에서 열린 ASEAN+3 정상회담에서는 ASEAN에 대해 3년간 6000억엔 규모의 엔화 차관을 지원한다고 발표하였으며, 1999년 2월에는 1968년 이래 중단해온 캄보디아에 대한 엔화차관을 31년 만에 재개하였다. 더욱이 지난 5월 7일에는 일본 독자적인 아시아 국가를 위한 신(新)경제 지원책을 발표함으로써 아시아 각국의 조기 경제회복을 적극 지원한다는 자세를 대내외에 표명하였다.

이에 따라 일본 정부의 대아시아 지원규모는 국제기관을 통한 자금을 포함해 약 800억 달러에 달하였다.

일본이 경제대국으로 성장한 이래 아시아의 거의 모든 국가들은 일본과 특수한 관계를 형성했다. 즉 관계의 필요성을 인정하면서도 일본을 경계하고 의구심을 갖는 분위기가 주류를 이루었다. 아시아인들은 일본의 자본과 기술의 도입 및 활용을 반기면서도 여전히 일본경제력에 지배되거나 예속될 수 있는 가능성을 강하게 경계하고 있다. 과거 일본의 식민통치를 통한 체험과 그에 따른 적대감이 아직 남아 있기 때문이다.

<표 11> 미야자와 플랜에 의한 대(對)아시아 지원규모 내역

국가	지원규모	주요 내용
한국	83.5억 달러	· 중소기업 지원 23.5억 달러(일본수출입은행 융자) · 무역금융 등 단기유동성공급 50억 달러 · 한국산업은행 10억 달러(일본수출입은행 2단계융자)
태국	18.5억 달러 (98.12.16)	· 제조업부문 지원 7.5억 달러(일본수출입은행, IBRD 협조융자) · 경제 및 금융개혁 지원 6억 달러(일본수출입은행융자) · 농업대책 지원 2.5억 달러(OECF 융자) · 경제회복 및 사회부문 프로그램 지원 2.5억 달러(OECF, ADB 협조융자)
인도네시아	24억 달러 (99.2.5)	· 15억 달러(일본수출입은행, IMF, ADB, 세계은행의 융자) · 상품수입, 보건위생계획 및 사회안전망 등 엔차관 9억 달러 (OECF, ADB, IBRD 협조융자)
말레이시아	22억 달러	· 수출산업지원 5억 달러(일본수출입은행 융자, 99. 1. 15) · ODA 엔차관 10억 달러(OECF, 99. 1. 15) · 경제기반 프로젝트 지원 7억 달러(99. 3. 31)
필리핀	30억 달러	· 전력부문개혁 지원 3억 달러(일본수출입은행, ADB 협조융자, 99. 1. 15) · 필리핀개발은행 통한 민간부문개발 지원 5억 달러(일본수출입 은행, 99. 1. 15) · 마닐라 대기오염개선 지원 3억 달러(OECF, ADB 협조융자, 99. 1. 15) · ODA 엔차관 11억 달러(OECF, 99. 3. 25)

자료: 일본 수출입은행.

일본 정부 스스로도 일본을 정점(頂點)으로 하고 동아시아 지역을 포괄하는 제도적 경제협력권의 형성에 대해서는 유보적인 자세를 취하고 있다. 예를 들어 마하티르의 EAEC 제안이 처음 나왔을 때 일본 내의 반응은 GATT를 중심으로 하는 국제 자유무역 질서에서 가장 도움을 받아왔던 것이 일본이었기 때문에 자신들에게 그리 유리하지 않은 제안으로 간주하는 경향이었다. 일본 국내에서도 아시아 중심의 지역주의 정책에 초점을 맞출 것이냐 아니면 기존의 미국과의 전통적인 관계 유지에 초점을 맞출 것이냐의 논의가 존재한다. 그러나 일본 정부가 암묵적이고 비공식적으로 일본의 경제적 영향력을 확대를 돕고 있기는 하겠지만 아직은 적극적으로 독자적인 경제블럭의 형성을 위해 나서고 있지는 않고 있으며, 민간 기업 주도의 투자협력에 초점을 맞추고 있다고 할 수 있다. 물론 미국과 일본 양국내의 최근 여론을 보면 상대국에 대한 우호적인 인식이 점차 변화하고 있는 것이 사실이고 일본-미국 관계가 탈냉전적 상황에서 상호 정치적 위상의 재조정을 시도하고 있는 가운데 무역 불균형 등의 경제관계를 둘러싸고 갈등이 고조될 가능성도 없지 않다. 이는 미국과 일본의 공동의 이데올로기적 적대국이었던 소련의 붕괴로 이들 상호 간의 협력을 촉진하는 동기가 약화되었다는 점에서도 특히 그러하다.

나. 엔화(円貨) 경제권 형성

일본 금융의 자유화 및 국제화를 위한 국제적 압력은
1970년대 후반부터 진행되어 왔지만 그 중에서도 가장
중요한 계기는 1984년의 엔-달러 협정이라고 할 수 있
다. 이와 같이 일본 금융의 국제화 및 자유화는 일본 금
융과 국제 부문과의 차단을 약화시켜 무역과 자본 거래
를 통한 엔화의 국제화를 초래했다. 플라자 협정 이후
의 엔화 가치 상승으로 일본의 무역과 국제자본 시장,
그리고 타국 외환 보유고에서 차지하는 엔화의 비중이
확대되었다[92].

1980년에서 1988년까지의 기간 동안 엔화로 발행되
는 국제채권은 전체 채권발행액의 1.6퍼센트에서 8.9
퍼센트로 증가하였고, 공식 준비 통화로 각국이 보유하

---

92) Frankel은 증대되는 일보의 아시아 지역에 대한 영향력과
    엔 블록형성 가능성에 대한 논문에서 엔 블록은 일본의 의도
    적인 노력에 의한 것이 아니라 오히려 엔을 국제통화로 사용
    하는 것을 강요한 미국의 압력 때문에 만들어질 것이라고 주
    장하고 있다. Frankel Jeffrey A. (1989), "Is a Yen Bloc
    Forming in Pacific Area?" in Richard O'Brien(ed.),
    *Financial and The International Economy 5: The AMEX
    Bank Review Prize Essay*(New York: Oxford University
    Press), pp. 4~21.

는 엔화의 양은 전체의 4.3퍼센트에서 7.0퍼센트로 증가했다. 또한 같은 기간에 엔화로 결제된 일본의 수출 물량은 29.4퍼센트에서 33.4퍼센트로 증가하였다. 외국으로부터의 압력의 영향도 있었지만 일본 금융의 국제화 및 자유화가 기본적으로 일본경제의 성장과 구조적 심화의 결과이듯 이 엔화의 국제화도 결국경제력의 국제적 비중의 상승을 반영하고 있음이 분명하다.

엔-달러 위원회는 국제무역이나 자본 거래에 있어서 엔의 사용도를 높임으로써 엔의 평가절상을 시도했다. 1977년의 엔 보유고는 2.5퍼센트였으나 1993년에는 9.0퍼센트까지 상승했다[93]. 이는 아직 엔화의 국제화가 달러 위주의 국제통화 체제의 기본을 흔드는 정도는 아니지만 일본이 자국의 경제력에 상응에 국제적 역할을 국제 통화 분야에서 점차적으로 담당해 가고 있다는 것을 의미한다. 국제통화 체제의 관점에서 보는 경우 엔화의 국제화의 의미는 이처럼 아직 중요해 보이지는 않지만, 초점을 동아시아로 모으면 그 의미와 중요성이 확실해진다.

외환위기가 동아시아 전역에 파급되자 일본은 동아시아 국가들의 환율제도 개선에 많은 관심을 표명하고 있는데 대다수 아시아 국가들은 대일무역거래규모가 미국

---

93) *OECD Economic Outlook 57*(1995), p. 17.

보다 크거나 유사한 수준임에도 불구하고, 환율은 달러 연동제를 채택하여 1995~1997년 2년간 달러당 엔화시세가 40여 퍼센트나 하락하면서 가격 경쟁력이 하락하였다.

일본은 외환위기에 처한 동아시아에 대량의 엔화자금을 제공하면서 각국통화를 엔으로 연계시키려고 추진하고 있다. 최종목표는 엔을 달러대신 아시아의 기축통화로 만드는 것으로 향후 일본의 엔(円)전략은 강한 엔화가 얼마나 지속 되느냐에 달려있다.

일본은 아시아 금융위기에 있어서 헤지펀드의 폐해는 물론 이에 제대로 대응하지 못한 IMF까지 비판하고 있는데, 이러한 대(對) IMF 비판은 미국에 대한 우회공격을 의미한다고 볼 수 있다.

엔화 불안정이 지속되고 있는 가운데서도 일본은 엔화의 국제화 논의를 본격화하고 있다. 1998년 5월 23일 APEC 재무장관 회담에서 일본의 대장성장관 마쓰나가는 적극적인 '엔화의 국제화' 전략을 공식적으로 선언하였다. 자민당의 엔화 국제화 소위원회에서도 대대적 제도개혁을 주장하고 있다. 이는 1999년 유로화 출범으로 엔화가 군소(群小)통화로 전락할 가능성에 대한 위기의식도 작용한 것으로 보인다. 일본의 대장성과 자민당은 엔화의 국제화를 위한 구체적인 방안을 마련 중이다94).

엔화의 국제화는 일본 정부의 노력에도 불구하고 부진한 상태에 있다95). 아시아 경제위기이후 외환시장에서 차지하는 엔화의 비중은 더욱 약화되어있다. 금융시장에서 발행되는 통화별 국제채권 발행비율은 엔화가 1997년 이후 6퍼센트 이하로 급락(急落)하였다. 엔화가치 급락과 불안정으로 인하여 엔화에 대한 채권투자가 감소한 것이다. 엔화의 변동성(volatility)이 높아, 단기적으로 가치가 불안정한 상태에 있었다.

아시아 지역의 엔화 유동성부족 문제도 엔화의 국제화에 장애요인이 되고 있다. 일본은 아시아 지역에서 막대한 무역수지 흑자를 기록하고 있으며 당분가 흑자가 감소될 가능성도 낮다. 일본의 무역흑자가 계속되는 한 엔화로 무역거래의 결제화폐로 사용된다고 해도 항상 엔화에 대한 초과수요가 존재하게 되므로 엔화의 국

---

94) 국외거주자의 단기국채(TB) 등 단기금융상품 거래의 이자에 대한 원천과세를 폐지하여 단기 금융시장 활성화·엔화표시 채권시장의 활성화·인본은행이 보유한 20조엔 상당의 정부단기증권(FB)을 전액 시장에 매각·금융 결제시스템의 근대화로 거래비용과 수수료의 최저화 등을 실시하였다.

95) 국제외환시장에서 거래되는 통화별 비중(1995년 기준)이 엔은 12%로, 미 달러(45.1%)나 독일 마르크(18.%)에 비하여 낮은 편이다. Bank for International Settlements(1995), *Central Bank Survey of Foreign Exchange and Derivatives Market Activity.*

제화는 어려움이 될 수 있다. 아시아 지역에서 엔화의 국제화 부진은 이 지역 금융 불안의 중요한 요인이 되었다. 아시아의 대일 경제의존도(무역, 투자) 등에 비춰 엔화의 국제화 부진은 달러에 대해 과도하게 의존하는 체질을 야기하여 현재의 동아시아 금융위기의 원인을 제공하였다. 엔화의 국제화 부진으로 다른 아시아 통화와의 연계성을 저하시키고, 엔화 변동성이 아시아 통화에 반영되지 못하면서 경쟁력에 막대한 영향을 받게 된 것이다. 엔화의 국제화를 확산하여 아시아 지역의 기축통화로 사용한다면 아시아 지역의 통화체제 안정을 달성하는 데 일조(一助)할 것으로 보인다. 아시아에서 엔화 사용을 확대함으로써 달러 블록, 유로 블록과 더불어 세계 통화질서를 안정시킬 수 있을 것이다.

1998년에 들어서면서 일본 정치권 내에는 엔화 경제권의 형성을 가속화하려는 조짐이 여러 곳에서 나타나고 있다. 1998년 5월 3일 야마자키 자민당 정조회장이 아시아 통화로서 결재기능을 갖는 엔화 통화권을 제안하였다. 또한 미야자와 대장성장관은 1998년 9월 말 선진 7개국 정상회담에서 아시아 국가의 경제회복을 지원하기 위하여 일본이 300억 달러 규모의 자금을 창설할 생각을 명확히 하였다. 소위 미야자와 플랜이라고 불리는 이 구상은 일본 수출입은행에 의한 직접융자 및 엔화

차관의 활용 외에 지원 대상국이 국제시장에서 자금을 조달할 경우 채무보증, 이자지급 등을 통해 아시아 국가들이 고용대책 및 불량채권 해소를 촉진시키는 것을 목적으로 하고 있다.

미야자와 발의 요지는 다음과 같다. 첫째, 총지원액의 절반은 지역경제의 중장기 금융지원을 위해 배정하고 나머지 절반은 무역금융, 중소기업금융, 사회안전망 지원, 금융부문 부실채권 지원 등 단기적인 자본 요구에 충당한다. 둘째, 단기 대책용 기금은 일본의 외환보유고에 의해 조성되고 장기금융은 대장성의 특별예산으로부터 마련된다. 셋째, 일본수출입은행과 해외경제협력기금(OECF: Overseas Economic Cooperation Found)의 엔화차관 등에 의한 직접원조와 별도로 은행대출과 채권발행(수출입은행, World Bank, ADB 등이 발행)을 통한 간접원조도 집행될 것이다. 넷째, 일본은 또한 위기국의 기업 및 금융 구조조정 노력에 대한 기술기원을 제공할 것이다.

일본 통산성은 엔화 경제권의 국제화를 촉진시키는 조치를 취해왔다. 요사노 일본 통산성장관은 1998년 11월 23일 방콕에서 향후 5년간 5조 엔화 규모의 특별 엔화차관을 아시아 지역에 제공하기로 발표하였다. 이는 11월 16일 일본 정부가 발표한 24조 엔화 규모의 긴급

경제대책 속에 포함되었던 1조 엔화 규모의 아시아 금융위기 지원금을 5년간 계속 제공하는 쪽으로 확대하였던 것이다. 이러한 일본 정부의 엔화 경제권 구축을 위한 논의의 근저에는 불안정한 달러 중심체제에서 벗어나면서 동아시아에서 일본의 역할을 강조하려는 전략이 내재되어 있다.

엔화의 국제화를 주장하는 학자들은 아시아 경제위기가 주로 헤지펀드에 의하여 촉발된 외환과 주식의 폭락에서 비롯됐다고 주장하면서 다음과 같은 세 가지의 처방을 제안하고 있다. 첫째, 아시아 통화위기를 방지하기 위하여 AMF와 같은 지역통화 협조체제를 구축할 필요가 있다. 둘째, BIS규제(자기자본 비율 8퍼센트)를 낮추어야 한다는 것이다. 일본의 경제상황이 악화된 상황 하에서 일본은행이 자기자본비율 8.0퍼센트를 충족시키기 위해 아시아 국가에 융자한 자금을 철수시키면 경제위기에 빠져 있는 아시아 각국은 치명상을 입게 된다. 셋째, 저금리의 시정을 들고 있다. 일본의 금리가 미국보다 항상 낮다는 것이 미국으로 자금 환류가 일어나는 최대의 요인이 되고 있기 때문이다. 탈냉전으로 안보상의 위험이 크게 완화되면서 달러화 표지자산이 누려왔던 정치적인 안정성이 퇴색하고 있기 때문이다. 따라서 상대적으로 엔화의 기축통화 및 준비자산으로서의 가치가 상승하고 있는데 이는 동아시아에서 더욱 강하게 나타날 것이다. 일본의 입장에서도 세계적 지역주의에 대응하기 위한 자신의 '뒷마당'이 필요한 점, 일제 자본재·중간재를 사용하는 동아시아 국가의 제조품 수출이 수출액 중 반 이상의 이익을 일본에 준다는 점, 엔고(円高)로 인한 일본자본의 동아시아 진출이 지속될 것이라는 점 때문에 동아시아의 엔화 블록화는 일본의 핵심적인 국가이익이 된다.

그러나 엔화 국제화를 추진하는 데 있어 가장 중요한 것은 일본경제의 안정적인 성장과 금융시스템의 재건이 전제되어야 한다는 점이다. 일본의 경제회복에 따른 국내외 신인도 회복과 불량채권 처리를 통한 금융시스템이 불안정한 상태에서는 일본 민간금융기관으로 하여금 아시아 지역을 시작으로 해외투융자 활동을 다시 활성화하기 어려울 것이다.

일본의 엔화 국제화와 엔화 경제권 형성 노력은 국가의 위신을 회복한다는 단순한 의미뿐 아니라, 동아시아 지역경제에 대한 미국·EU의 공략에 대한 위기감에서 비롯되었다고 할 수 있다. 일본은 막대한 재원을 동원해서라도 지역의 위기를 진정시키고, 동시에 역내 금융 분야에 대한 영향력을 강화하려는 의도도 있을 것으로 보인다. 하지만, 위와 같은 일방적인 일본의 노력은 성과를 거둘지 불투명하며 동아시아 관련국의 협조 여부가 향후 큰 관건일 것으로 보인다. 따라서 금융·외환 시장의 경우 일본에게 종속적인 성격을 갖기보다는 국가 상호간 수평적인 협력의 분위기가 선행될 때 지역 협력의 성공 여부가 좌우될 것으로 예상된다.

다. 일본 - ASEAN 협력

일본은 동아시아 경제의 중층적(重層的)인 분업관계의 핵심 고리인 동남아시아의 성장기반 확충을 위해 교역 및 투자확대를 통한 산업간 분업은 물론 대규모 원조를 바탕으로 일본제조업의 동남아시아 진출을 크게 확대시켜 왔다. 1985년 플라자합의 이후, 엔고(円高) 국면에 진입하면서 그 동안 국내에 집중시켜왔던 생산거점을 동남아시아에 본격적으로 이전하게 되었다. 비(非)핵심부문의 해외이전을 통해 기업 내 무역을 증대시켜 오던 기존의 진출방식에서 전환하여 주요 부품을 현지 생산하여 조달함으로써 분업관계를 강화하기 시작하였다96).

---

96) Korhonen Pekka(1994), *Japan and Pacific Free Trade Area*(London and New York: Routledge), pp. 128~129.

일본의 경제외교는 인도적 배려와 ASEAN 각국의 경제력 강화와 대일(對日) 경제관계의 긴밀화라는 상호의존관계의 인식에 중점을 두고 있다. 특히 ASEAN에 대해 일본정부와 기업은 과거의 역사적 유산(遺産) 때문에 명분상 경제협력을 통한 ASEAN 발전에 상당히 협조적이며 과거의 진출 경험을 바탕으로 자국의 기업경영문화를 적극 이식하려고 노력하였고 일본 기업의 현지화를 위한 기반을 닦았다. 일본은 1980년대에 들어와 무역흑자가 급증하고 미국 등 국제사회에서 일본의 부담과 역할 증대에 대한 압력이 강화되자 정부 주도의 개발 원조를 늘리면서 기업들의 대외직접투자를 적극 장려하였다. 경제력에 상응하는 국제적 역할증대의 일환으로 외환규제의 완화, 직접투자의 장려, 개발 원조를 통한 직접투자의 촉진 등 긴밀한 협력으로 이를 수행하였다. 따라서 동남아에 대한 경제적 영향뿐만 아니라 정치·외교적 영향력도 증대하여 국제적 역할증대에 지지를 유도하고 있다[97].

중국과는 달리 일본은 동남아 국가들로부터 군사적 위협 요인으로 대두될 가능성이 상대적으로 적다고 인식되어 왔다. 역사적으로 일본의 동남아 역내에서 군사

---

97) Boyd Gavin(1989), *Pacific Trade, Investment and Politics* (London: St. Martin Press), pp. 108~110.

활동이 활발했던 태평양 전쟁기는 일본이 인도네시아의 원유 및 말레이시아의 고무·주석 등 전략지원의 자급 필요성에 의해 주장된 대동아공영권(大東亞共榮圈)을 형성하기 위해 이지역의 패자로 일시 등장했던 시기였다. 그 시기에도 일본군은 자신을 서구 제국주의로부터의 해방군으로 선전하였고, 지배 기간이 짧아 반일 감정이 깊게 자리 잡지는 않았다.

한국전 특수(特需)로 재기한 일본 경제는 바로 동남아에로의 경제적 재진출을 시도하여 1960년대 이후 대동남아 전쟁보상과 정부개발 원조(ODA: Official Development Assistance) 공여(供與)로 일본의 영향력을 확대해 왔다. 동남아는 일본과의 의존적 경제 개발을 통해 일본이 주도하는 안행형 경제 모형으로 동남아가 일본 경제권으로 편입되기 시작하였다[98]. 예를 들어 일본은 태국·말레이시아·인도네시아 등지에서 투자와 무역을 양축으로 하여 일본자본·기술·정보 등에서의 대일 의존도를 높여왔다. ODA를 일본의 외교 목표와 연계시킴으로써 일본과 동남아 간의 경제적 의존 구조를 정치적 의존 관계에로까지 발전시킬 수 있게 되었다.

---

98) 전황수(1995), "일본의 대아세안 경제협력정책: 정부개발원조(ODA)의 목적과 성과", 국제정치총론, 제35집 2호, p.303.

1990년대에 접어들면서 일본기업의 대(對)동남아 진출 전략은 엔고에 의한 생산비용 절감이라는 공급 측면의 요인과 시장 확보라는 수요 측면의 요인이 동시에 작용하고 있고, '일본형 생산시스템' 이전과 함께 현지화와 네트워크화를 가속화하였다. 다른 한편 1990년대 이후 일본경제의 버블 붕괴와 함께 엔고(円高)에서 엔저(円低) 국면으로 전환되면서 아시아내 선·후진국 간의 순차적인 산업발전패턴과 상호 보완적인 경제관계가 취약해지고, 수출 및 성장기조가 흔들리기 시작하였다. 특히 1997년 태국에서 촉발된 금융위기 이후 동남아시아 각국의 기초경제여건(economic fundamentals)이 취약해진 가운데 바트화의 폭락으로 촉발된 외환위기로 구조적인 취약성이 표면화되었다. 일본의 대규모 유휴자본에 의존한 동아시아 국가의 성장 메커니즘이 붕괴된 것이다. 그럼에도 불구하고 일본은 외환위기 이후 이를 극복하기 위한 지역협력방안 논의에서 적극적인 역할과 관심을 표명하고 있다는 점이 주목된다.

일본과 ASEAN 간에 이루어지고 있는 정치 외교적 차원의 안보협력은 다양한 공식 메커니즘, 예를 들어 '아세안·일본 포럼(ASEAN-Japan Forum)', '아세안확대각료회의'(ASEAN-PMC: ASEAN Post Ministerial Conference) 그리고 ARF 등의 채널을 활용하여, 지역적 이슈를 해결하기 위한 양측의 긴밀한 협의를 도모하여 공동전선의 형태를 추구하고 있는 것이다.

먼저 공식 메커니즘을 통한 정치안보협력의 진전과정을 보면, 탈냉전과 더불어 우리의 관심을 끄는 것은 ASEAN-PMC와 ARF이다. ASEAN은 변화하는 안보환경에 적극적으로 대처하기 위한 방안의 하나로서 다자안보대화를 추진하기로 하고, 1991년 7월 ASEAN 연례 각료회의를 통하여 ASEAN-PMC는 지역안보문제를 논의하기 위한 포럼으로 활용하는 가능성을 타진하였는데, 미국은 부정적 태도를 보였으나 일본은 적극적인 지지를 보였다.

그러나 ASEAN은 ASEAN-PMC가 ASEAN과 대화 파트너에 국한된 다자안보대화체였기 때문에 대화파트너가 아닌 국가가 관련된 문제의 논의에는 한계가 있음을 인식하였다. 이에 따라 ASEAN은 이 지역에 이해관계를 갖고 있는 모든 나라가 참여하는 다자안보대화체의 창설을 추진하여 드디어 1993년 7월의 ASEAN- PMC에서 ARF창설에 대한 합의를 이끌어냄으로써 이듬해 7월 아·태 지역 최초의 다자안보대화체가 공식적으로 출범하게 되었다. 이러한 ARF의 창설과정에 있어서도 일본은 적극 협력하였다. 이는 중국으로부터 야기될 수 있는 위협을 사전에 차단하고 중국의 행동반경을 넓혀 영향력을 유연화하기 위해서는 다자 간 대화가 필요하다는 점에 있어서 관계 당사국가의 이해(利害)가 일치하였기 때문이다. 따라서 일본과 ASEAN은 ASEAN- PMC와 ARF회의를 통하여 아·태 지역의 평화와 안정에 관련되는 제반 문제들, 특히 남중국해에서의 도서 분쟁, 국제 해로(海路)의 안전보장, 동남아지역에서의 일본의 역할제고 등 양측의 공동관심사에 적극적인 자세를 견지해 왔다.

1997년 5월에 개최된 제15차 '아세안·일본 포럼'에서는 이 포럼의 창립 20주년을 회고하면서 일본과 ASEAN은 이 포럼이 양측의 관계를 강화하기 위하여 긴밀히 협력해 왔음을 지적하는 동시에, 지역의 평화·안정·번영에 기여해 왔음을 높이 평가하였다. 그리고 앞으로도 이 포럼은 양측 간의 정치안보협력에 있어서 중추적 역할을 하도록 하자는데 의견일치를 보고, 양측의 협력을 강화하기 위하여 회도의 빈도를 확대하여 원칙적으로 연례적인 모임을 갖기로 합의 하였다99). 이러한 공식적 메커니즘과는 별도로 일본과 ASEAN은 지역적 공동관심사에 대해 정치 외교적 협력을 계속해 왔는데, 그 대표적인 것이 캄보디아사태 해결을 위한 국제적 노력이

---

99) 양승윤 外(1999), 「동남아 미래의 국가: 라오스·캄보디아」
    (한국외대), p. 177.

다. 일본은 캄보디아사태 해결을 위하여 적극적인 노력을 함으로써 ASEAN 국가들이 추구하는 동남아지역의 평화와 안정에 커다란 기여를 하였던 것이다. 즉 일본은 당시 베트남의 캄보디아 침략에 대해서 ASEAN의 입장을 지지하여 맹렬한 비판을 하였으며, 캄보디아사태가 교착상태에 빠져 장기화되자 그 해결을 위해 ASEAN과 긴밀한 협의를 하는 한편, 일본 스스로가 분쟁당사자들의 타협점을 모색한 독자적인 협상안을 제시하여 설득하는 등 적극적인 외교적 노력을 경주하였다. 일본은 1992년도의 PKO 법안 통과 후 1700여 명의 자위대를 캄보디아에서 평화 유지 활동에 참여시켜 성공적으로 캄보디아의 왕정(王政) 복고와 정치적 안정을 수행한바 있다. 이러한 일본과 ASEAN의 노력은 마침내 탈냉전이라는 외부환경변화에 도움을 받아 분쟁당사자 간의 평화협정체결을 성취시켰다. 일본의 외교적 성과는 결과적으로 과거 일본의 지배를 받은 동남아 국가들의 일본에 대한 부정적 이미지를 완화시키는 데 커다란 기여를 하였고, 이를 계기로 일본과 ASEAN 간의 안보협력 논의는 보다 활성화될 수 있었다.

뿐만 아니라 일본과 ASEAN은 각료들은 물론이고 양측 정상들의 상호 교환방문을 통해서도 정치 외교적 협력을 증대시켜 오고 있다. 탈냉전의 시작과 함께 1987

년 마닐라에서 개최된 일본과 ASEAN의 정상회담에서 양측은 '평화와 번영에로 나아가는 새로운 파트너쉽'을 형성하기로 합의한 이후 지속적으로 협력이 증대되었다.

일본이 동남아에 적극적인 관심을 갖게 되는 또 하나의 요인은 중국의 동남아 진출이다. 일본의 외교정책에 있어서 중국의 등장은 동아시아 특히 동남아시아에 많은 함의 가지고 있다[100].

첫째, 지역기구와 다자주의에 대한 일본의 지원이 매우 신중해질 수 있다는 점이다. 일본은 APEC과 ARF 같은 지역기구를 통해 아시아 국가에 대한 영향력을 증대시켜왔다. 그러나 일본의 주도권을 반대하는 중국의 등장이 일본의 기존 전략의 수정을 불가피하게 하였다. 물론, 일본의 다자주의 지향정책은 지속될 것이다. 일본 역시 역(逆)으로 중국을 효율적으로 견제할 수 있는 수단이 지역기구이기 때문이다.

둘째, 일본은 중국 주변부에 위치하고 있는 ASEAN 국가들과의 유대관계를 강화하고 있다. 1997년 1월 당시 하시모토 일본 수상은 ASEAN과 일본 간 정상회담

---

100) Manning, Robert(1994), "Burdens of the Past, Dilemmas of the Future: Sino-Japanese Relations in the Emerging International System", *The Washington Quarterly*, Vol. 17, No. 1, (Winter). pp. 45~58.

(ASEAN+1)을 정기적으로 개최할 것을 제안하였다. 일본은 경제적인 수단으로 동남아시아와 관계를 개선하고 확대하는 전통적인 방법으로 돌아오고 있는 것이다101). 중국은 소련의 캄람(Cam Lamn)만의 해군 기지에서의 철수와 필리핀 수빅(Suvic)만과 클라크(Clark) 기지로부터의 미군의 철수에 의해 형성된 힘이 공백을 이용하여 남사군도 및 서사군도에서 베트남·필리핀·말레이시아 등과 긴장을 조성하면서까지 영유권을 주장함으로써 새로운 동남아지역 세력으로의 대두를 기도하고 있는 설정이다102). 특히, 양(量)보다 질(質)을 강조하는 등 중국정부의 군(軍)현대화 계획은 해군 작전의 능력을 제고에 높은 비중을 두고 있다. 남서사군도에 중국이 해군 및 공군 기지를 건설하게 된다면, 중국은 자신의 해군력을 적은 비용으로 동남아 각국에 과시하고 군사적 지위를 통해 유리한 외교적 입지를 확보하게 되는 것이다. 남중국해 및 동남아 해역으로 중국의 진출 의도에는 석유 자원 확보라는 일차적 동기 외에도 동남아 지역에서의 영향력 증대의 목적이 있는 것이다103).

---

101) Johnstone, C. B. (1999), "Paradigms Lost: Japan's Asia Policy in a Time of Growing Chinese Power", *Contemporary Southeast Asia*, Vol. 21, No. 3, p. 380.
102) Smith, Esmond D. JR(1994), "China's Aspiration in the Spratly Islands", *Conflict in Southeast Asia*, Vol. 16, No. 3, December. p. 279.

이러한 가능성은 결국 앞서 지적한 바와 같이 동남아 역내의 일본의 통상투자 이익을 위협함으로써 중·일 관계의 새로운 갈등 요인으로 대두될 수 있는데, 일본은 핵무기를 갖고 있는 중국과 군사적인 갈등까지 초래할 일·중국 간의 긴장을 회피하면서 대중·동남아 관계의 좌표를 설정할 것으로 보인다. 중국 역시 일본의 계속적인 원조를 바란다는 점과 경제 현대화 과정에 불필요한 군사 충돌을 회피하려 하기 때문에 일본의 국제 공헌의 확대를 중국과의 협조 체제 내에서 수용하는 방향으로 나아갈 것으로 보인다. 이미 양국은 신뢰 구축을 위해 군사 관계자의 상호 방문을 통해 대화 및 향후 협력의 채널을 개설하고자 노력하고 있다.

경제안보는 동남아 지역안정의 토대를 구축하는 데 있어서 매우 중요한 기여를 하게 된다는 점에서 일본과 ASEAN 간에 이루어지고 있는 경제협력의 안보적 의미를 강조하지 않을 수 없다. 현재 일본이 동남아 지역에 미치는 경제적 영향력은 절대적이다. 일본에서 생산·수출하지 않고 ASEAN 각국에 일본의 공장을 이전하여 코스트 경제력을 강화하고 우회생산거점으로 하여 미

---

103) Hull, Richard E. (1996), "The South China Sea: Future Source of Prosperity or Conflict in Southeast Asia?", *Strategy Forum*, February, p. 1.

국·유럽 시장의 수출을 확대시켜 나갔다. 일본과 ASEAN 간의 경제협력은 양자 간의 경제력 격차로 인하여 호혜적이라기보다는 일본의 지원이라는 측면이 보다 강조되어 왔는데, 탈냉전과 더불어 일본의 ASEAN에 대한 경제적 지원은 더욱 강화되었다. 이처럼 일본의 지원이 강화된 배경에서 첫째, 1980년대 후반부터 일본과 이 지역 간의 경제적 상호의존이 심화되었고 둘째, 선진국들의 전반적인 경기침체에도 불구하고 동남아시아 지역 국가들은 괄목할 만한 경제적 성장을 이룩하고 있었으며 셋째, 무역과 투자문제를 둘러싸고 일본은 미국과 EU로부터 상당한 압력을 받고 있었는데, 이러한 상황은 일본으로 하여금 자국의 기본정책과 국가정체성을 재검토하도록 하였다는 사실 등을 지적할 수 있다. 더욱이 일본의 입장에서는 냉전종식으로 인한 유동적인 지역정세 속에서 일본의 경제안보를 위하여 남중국해의 해로안전을 확보해야 하는 필요성이 증대된 것도 ASEAN에 대한 경제지원을 강화하게 된 또 다른 배경으로 작용하였다고 하겠다.

극심한 경기침체로 동남아 진출한 일본기업들은 현지 시장축소, 환(換)리스크 증대, 자금조달의 곤란이라는 다양한 경영상의 어려움에 직면하게 되었다. 그럼에도 불구하고, 일본기업들은 기본적으로 생산거점 유지라는 현상유지책을 추진하고 있다. 특히 내수 목적으로 진출한 태국, 인도네시아 진출기업의 경우 시장규모 축소에 대응하면서 현지공장 가동을 중단하면서 기업 철수는 고려치 않고 있는 것으로 알려지고 있다[104].

1997년의 경우에는 태국에서 촉발된 외환 위기에도 불구하고 진출기업에 대한 지원을 강화하고 있다. 경제 위기하에서 일본기업의 대(對)ASEAN 직접투자는 기존 사업에 대한 증자를 통해 신규 투자사업을 비교적 자제하고 있지만 미국이 ASEAN에 대한 투자를 반감시키고 있는 것에 비하여 매우 대조적인 입장을 보여주고 있다. 그 배경에는 현지금융조달이 어렵게 됨에 따라 증자를 통한 금융상의 문제해결이라는 측면이 작용하고 있지만, 다른 측면에서는 금융위기이후 역내 지역통합 움직임이 가속화되고 있다. 또한 동남아시아 각국들이 출자비율의 상한철폐와 같은 규제완화조치를 적극 활용하여 투자지분을 높인다는 적극적인 투자전략도 일정정도 작용하고 있는 것으로 추정할 수 있다.

---

104) 무역협회(1998), "주요국별 무역동향," 『국제무역통계』 p. 215.

(3) 한 국

지금까지 한국은 지역협력에 대한 명확한 입장과 전략을 갖고 있지 않았다. 1967년 한국은 아시아·태평양 이사회(ASPAC: Asia Pacific Council) 창설을 주도하였다. 그러나 지역협력에 대한 이러한 시도는 북한과의 정통성 경쟁에서 우위를 차지하기 위한 정치적 동기에 의한 것이었고, 일부 회원국이 중국(당시 중공)을 승인함으로써 ASPAC은 곧 해체되었다.

한국의 외교정책은 남북한의 대립 상황에서 주로 미국과의 쌍무적 외교관계에 초점을 맞추어 왔다. 경제적으로도 미국과 일본에 대한 의존도가 매우 높았다. 지역협력에 대한 외교적 대응은 소극적 대응과 적극적 대응으로 나눌 수 있다. 소극적 대응이라 함은 기존의 지역질서를 받아들이고 적응해 나가는 것인 바면 적극적 대응이라 함은 자국의 이익을 보호하기 위해 타(他)지역주의에 대항할 수 있는 새로운 지역협력을 창출해 나가는 것이다. 이런 관점에서 한국은 소극적 대응으로 일관해 오다 1989년 APEC이 출범하면서 다자적 지역협력에 대한 참여를 통해 적극적인 자세로 전환하기 시작하였다.

EU, NAFTA 형성으로 지역주의 추세가 세계적으로

확산되자, 한국은 전통적인 수출시장의 상실이 우려되었고 이에 따라 중국·ASEAN 등 신흥시장에 대한 관심이 증대되었다. 따라서 개방적 지역주의를 표방한 APEC의 참여를 통하여 미국의 시장을 유지하면서도 동아시아 국가의 시장접근을 용이하게 하려는 의도를 가졌던 것이다.

그러나 APEC은 협의체 수준에서 더 이상 발전하지 못하였고 다자주의적 외교관계가 부족한 한국도 APEC의 발전과 심화에 큰 기여를 하지 못하였다. 한국은 EAEC의 제안 당시에도 미국의 반대에 대한 부담으로 소극적인 태도를 보임으로써 지역협력에 대한 소강상태는 지속되었다. 그러나 한국은 이후 ASEAN PMC와 ARF에 각각 참여함으로써 다자간 안보노력에 적극적으로 참여하였다. 이는 한국의 외교적 활동반경을 넓히는 동시에 북한의 대화참여를 유도하기 위한 것이라고 할 수 있다.

1997~1998년 한국의 겪었던 IMF 금융위기는 동아시아 지역협력에 대한 극적인 전환을 가져왔다. 태국·인도네시아의 금융위기 때 안일하게 대처하다 급기야 금융위기에 빠진 한국은 동아시아 국가간의 경제적 상호의존이 가져오는 결과가 예상보다 크다는 것을 발견하게 되었다. 일본과의 수출 경쟁적 구조로 인해 엔화의

변동에 촉각을 곤두세워왔던 한국은 이제 중국의 위안화(元貨)의 움직임도 함께 고려해야하는 것이다. 동남아시아 금융위기로 인한 수출시장의 축소는 한국의 경제회복에 큰 부담으로 작용하였던 것이다. 한국은 이후 위기극복을 위해 동아시아 국가간의 협력을 절실하게 필요로 하게 되었던 것이다. 한국은 금융위기가 한창인 1997년 ASEAN+3 정상회의에 참석하기 시작하였다. 1998년 제2차 ASEAN+3 정상회의에서는 김대중 대통령 당시 이 EAVG를 제안하였다.

한국은 그동안 동아시아의 지역협력을 형성하는 데 소극적인 자세를 버리고 주도적인 역할을 할 것임을 보여준 계기가 되었다. 동아시아 국가들은 지역협력에 대한 공감대가 형성되어있음에도 불구하고 중국 및 일본의 패권에 대한 경계심으로 주저하는 면도 많았다. 그러나 한국은 동아시아 국가의 지역협력의 관계 예를 들면 중국과 일본 간(間)의 관계에서나 선진국과 개도국의 관계에서 가장 중립적인 입장에서의 역할을 할 수 있을 것으로 기대된다.

제2절 동남아 국가

(1) ASEAN의 입장

1980년 일본의 오히라 수상의 '환태평양연대'를 이념으로 한 태평양 지역협력을 제안했을 때 ASEAN은 그러한 지역협력에 대하여 유보적인 태도를 보였다. 1989년 APEC이 제안되었을 때도 ASEAN의 태도는 적극적인 것이 아니었다. ASEAN 각료회의에서 ASEAN이 APEC에 참여하기로 결정하였지만 APEC의 제도적 발전, 강화의 문제에 대하여 유보적인 입장을 보여 왔다. ASEAN이 지역협력에 유보적인 태도를 보인 것은 우선 선진국을 포함한 범지역적 협력체가 등장할 경우 ASEAN이라는 부분지역기구의 존재의미가 약화되지 않을까 하는 것이다. 또한 ASEAN 회원국 간의 유사한 조건과 입장을 가지고 있었던 반면 미국, 일본 등 자신들보다 압도적인 우위의 선진국들과의 협력이 부담스러운 면도 작용하였다[105].

---

105) 이러한 ASEAN의 입장은 APEC과 관련하여 공통의 입장을 보인 「쿠칭(Kuching)합의」에 잘 나타나 있다. 그 내용을 살펴보면; ① ASEAN의 단결이 보존. ② APEC의 발전은 평등의 원칙에 기반을 둠 ③ APEC은 개방되고 다자적

그러나 ASEAN은 아시아 지역협력에 대한 기본적인 가치를 인정하게 되었으며 그러한 ASEAN의 태도를 변화시킨 여러 요인들이 작용하였다. 첫째, ASEAN 국가들도 동아시아 국가들의 경제적 활력을 인정하고 이에 동참할 필요가 있었다. ASEAN 국가들은 동아시아 국가들의 역동적인 경제성장과 그 결과 상호의존이 심화되었다는 점, 그리고 그러한 발전에 일본과 중국이 시장으로서 중요한 역할을 하고 있는 점을 간과할 수 없었던 것이다. 둘째, 지역협력은 개도국들이 집단적인 요구에 의해 자신들의 주장을 관철해 나갈 수 있다는 점이다. 1980년대 이후 동아시아가 세계경제의 중요한 축으로 등장하자 ASEAN이 지역협력에 유보적인 태도를 취한다면 오히려 대세의 흐름을 타지 못하고 소외될 수 있는 위험성을 갖고 있었던 것이다. 셋째, 앞에서 살펴본 바와 같이 1990년대에 진행된 세계체제의 변화, 즉 세계화가 ASEAN의 입장변화를 가져왔다. ASEAN 국가들은 과거 보호주의적 수입대체 산업화 전략을 버리고 수출 주도적 경제성장과 더불어 선진국의 시장접근을 위해 노력해 왔다. 또한, 냉전의 종식은 인도차이나 국

인 무역체제를 강화 ④ APEC은 경제문제 관한 협의에 집중. ⑤ APEC의 제도화는 점진적인 방법을 채택해야 한다는 등이다.

가의 ASEAN 가입을 촉진시켰고, 동남아는 ASEAN 10을 형성하여 동아시아 지역협력에 좀 더 자신감을 갖고 임할 수 있게 되었다. 넷째, 무엇보다 결정적인 것은 1997년 발생한 동남아 금융위기로 인해 지역협력을 촉진시키게 되었던 것이다.

동아시아 지역협력에 대한 내부적인 이견(異見)에도 불구하고 ASEAN의 입장은 기본적으로 당위성 및 필요성에 대해서는 폭넓은 공감대를 형성하고 있는 것으로 보인다. ASEAN 국가들은 EAEC의 경우에 APEC 내의 협의체로 발전시켜 나가기로 원칙적으로 합의한 바 있으나, 이 구상의 실현을 위한 구체적인 추진방안에 대해서는 회원국 간 이견이 상존하고 있다[106].

ASEAN 국가들은 기본적으로 개방적 지역주의(open regionalism)를 표방하고 있는 APEC의 유용성은 인정하고 있으나, 어떠한 외부적 틀에 의한 구속도 달갑게 여기지 않고 있는 ASEAN의 특성상 아직도 APEC에 대해 상당한 유보감을 가지고 있는 것이 사실이다. 이와 함께 ASEAN 국가들은 APEC 출범이전의 아·태 경제협력 논의과정에서는 특별한 관심을 보이지 않았던 미국이 최근 APEC에 대해 강력한 주도로 제도화하려는

---

106) 배긍찬(1994), "EAEC 구상의 추진 전망", 「주요국제문제분석」 94-46, p. 4.

정책이 EAEC를 견제하고 희석시키려는 방편으로 보고 있다. 또 ASEAN 국가들은 미국이 추진하려는 APEC 내의 '무역과 투자에 있어서 보다 진일보한 자유화(TIF: Trade and Investment Free) 조치' 등은 ASEAN과 같은 경제약소국들에 일방적인 양보와 희생을 강요할 가능성이 높은 것으로 인식하고 있을 뿐만 아니라, 미국 주도의 APEC이 궁극적으로 지역적 무역협상기구로 발전하지 않을까 하는 우려를 감추지 않고 있다. 예를 들어 1993년 11월 시애틀에서 개최된 APEC 정상회담을 계기로 APEC을 궁극적으로 경제공동체(Economic Community)로 제도화해 나가려는 미국의 의도에 강력히 반발했다.

ASEAN은 21세기 동아시아 지역의 평화와 안정을 위해 동북아 주요 국가와의 상호협력과 이해를 증진시킬 수 있는 방안들을 강구할 필요성을 절감하고 있다. 이와 같은 동아시아 국가관계의 긴밀화를 위하여 ASEAN은 한국, 중국, 일본 등과 정상회의를 정례화 시키고 궁극적으로 이들 국가들의 동남아 우호협력조약(TAC: Treaty of Amity and Cooperation) 가입을 추진하고 있다. 특히 당면한 경제위기를 극복하기 위해서 동북아 3국의 적극적인 지원과 협조를 요청하고 금융위기 재발방지를 위해 설립키로 한 ASEAN 금융 감시체제에 참여를 유도하고 있다.

이와 함께 ASEAN은 한·중·일 3국과 함께 남중국해 영유권 문제와 한반도 문제 등 역내 주요 안보현안들에 대해 논의하고, 자신이 주도로 출범·운영되고 있는 아·태 지역 유일(唯一)의 다자안보협의체인 ARF의 기능강화를 통한 역내 국가간 안보협력을 적극적으로 활성화해 나가고자 한다107).

ASEAN은 지역협력에 적극적으로 참여하거나 분리되는 양극적인 정책을 택하지 않고 지역협력에 참여하되 자신들의 입장을 최대한 반영하는 전략을 구사해 왔다. 예를 들어 ASEAN PMC를 다자적인 형식으로 발전시킴으로써 ASEAN이 모든 논의의 중심이 되도록 하였고, 이러한 시도는 ARF의 출범을 가져왔던 것이다. APEC의 운영에 있어서도 ASEAN 국가들은 주최국의 입장을 활용하여 APEC의 사무국을 싱가포르에 위치하기로 결정하였고 정상회의도 격년으로 ASEAN 국가가 주최하기로 결정한 바 있다.

---

107) 배긍찬(1999), "동아시아 지역경제협력 전망", 「주요국제문제분석」 99-02, p. 2.

(2) ASEAN+3 전략

동아시아경제권에 대한 ASEAN의 입장 역시 유사하다. 전술한 EAEG 또는 EAEC는 동아시아 내의 역내 경제적 상호의존이 심화되고 있다는 현실적인 근거 외에도 기본적으로 선진국의 지역주의, 그리고 국제무역질서가 규칙보다는 시장의 크기에 근거한 정치적 힘에 의해서 결정되는 상황에 대한 대응책으로서의 성격이 강한 것이다. 이러한 점은 EAEC 역시 ASEAN이 APEC에 전적으로 의존할 경우 미국 등 강대국 주도로 압력을 행사하는 되거나 선진국들이 자신의 유리한 지배의 제도화와 정당화의 도구로 사용될 가능성에 대한 견제장치로서 사용하고자 하는 점을 보여준 것이다.

1990년 12월 말레이시아의 마하티르 수상은 국제통상협상에서 동아시아 국가들의 발언권을 강화하고 역내 무역·투자 부분에서 협력을 공고히 하기 위하여 ASEAN을 중심으로 한국, 중국, 일본 등 동아시아 국가들로만 구성된 EAEG 창설을 제안했다. 마하티르의 EAEG 구상은 당시 UR 협상에서 열세에 있는 동아시아 국가간의 공동대응 전략을 수립하여 이를 UR 협상 시 관철시켜 나가고자 하는 것이었다. 나아가 마하티르는 EC(당시)와 NAFTA 등 세계적 지역주의화 추세에 대응하는 동아시아에서의 경제협력체제의 구축을 목적으로 하였다. 그러나 이 구상에서 제외되어 있던 미국의 극심한 반발과 함께 ASEAN 내부에서조차 EAEG가 미국과 불필요한 마찰을 일으킬 수 있다는 이유로 반대의사가 표명되자, 말레이시아는 원래의 구상을 완화하여 보다 느슨한 형태의 EAEC 구상을 새로이 제안하였다[108].

EAEC 안(案)은 세계경제질서에 대한 아시아적 대응과 협력이라는 측면에서 제기되고 있다. 이 안은 일부 아시아 국가의 동조를 받기도 하였으나, EAEC는 ASEAN의 공식 입장으로 채택되지 못하였다.

EAEC가 제안된 배경은 외부적 요인과 내부적 요인으로 나누어 생각할 수 있을 것이다. 외부적 요인으로는 첫째, 무역의 보호주의적 경향과 지역주의의 대두 등 국제환경의 변화에 불안감을 느낀 것을 들 수 있을 것이다. 마하티르수상이 EAEC를 제안한 것은 기존의 다자간 무역질서로 대변되는 GATT체제의 동요와 우루과이라운드의 난항 등 국제경제질서의 불확실성과 함께 점증하는 세계적 지역주의화 추세에 대비하기 위함이었다. 동아시아 지역은 타(他)지역에 비해 역외 의존도가 높기 때문에 지역경제통합의 움직임이 강해지는 가운데

---

108) 심승진(1991), "아·태 지역경제와 동아시아경제그룹구상", 「국제정세」 4월호, pp. 103~106.

무역·투자 전환효과로 인한 피해를 심각하게 받아들이는 것은 당연한 결과라고 할 수 있다. EU(당시EC)의 확대발전에 의해 유럽이 통합되어가고 있으며 NAFTA의 확대와 더불어 세계경제는 구미질서에 의해 지배되는 분위기였다. 따라서 이러한 구미형 질서의 아시아지배에 의한 아시아의 경제적 지배의 침식을 예방하고 동향적 발전전략(Look East Policy)의 시각에서 동양적 국제질서를 형성할 수 있는 장을 마련할 필요가 있다는 것이다. 특히 동아시아 국가들은 일본과 한국에서 본 성장의 성과, 노동윤리, 과학기술의 개발 및 흡수 능력과 같은 동양적 논리와 업적을 활용하여 지역이 보유하고 있는 성장 잠재력을 발휘하도록 하자는 것이다. 둘째, APEC에 대한 유보감이 있었기 때문이다. 먼저 EAEC 구상이 미국 등 역외세력을 배제하려는 이유는 이미 미국은 유럽의 EU체제에 대응해 NAFTA를 결성하여 1차적인 안전장치를 마련하고 있으며, APEC을 통해 아·태 지역에 대한 경제적 주도권을 계속 확보, 유지해 나가려는 이중의 안정장지를 구축해 나가려 하고 있었기 때문이다. 따라서 마하티르 구상은 유럽의 EU와 북미의 NAFTA에 대응하여 동아시아 국가들의 또 다른 안전장치로서 독자적인 경제협력체의 구성이 필요하다는 데 기초를 두고 있다. 만일 세계적 무역환경이 더욱 악화되어 관리무역을 통한 보호주의와 배타적 지역경제블록의 형성이 가일층 공고화될 경우를 대비해서라도 EAEC구상은 동아시아 국가들은 자구적(自救的) 메커니즘으로 남겨두어야 한다는 것이다.

내부적 요인으로는 동아시아 지역의 잠재력 성장력과 무역·해외직접투자를 통한 경제의 상호의존도의 고양을 들 수 있을 것이다. 이 지역은 세계에서 아주 높은 경제성장률을 보여 1990년 당시 시점에서 수출비중의 약 1/4을 차지하기에 이르게 된 것이다. 나아가 이 지역의 역내의존성은 다른 경제권보다 아주 낮기는 하지만 속도 면에서 보면 역내무역비중은 훨씬 심화되고 있었다. 일본, 아시아 NIEs를 해외직접투자 공급국으로서 역내 직접투자의 비율이 높아져 동 지역의 산업조정이나 역내분업이 가속화될 결과라고 볼 수 있다.

ASEAN 국가들의 일본에 대한 새로운 평가도 EAEC를 제안한 주요한 배경중의 하나이다. 1980년대 초까지만 해도 일본의 식민통치를 경험한 동남아 국가들의 반일(反日)감정이 뿌리 깊게 자리 잡고 있었다. 그러나 1980년대 중반 이후 동남아 지역에 대한 일본의 꾸준한 현실주의적 외교노력과 엔화절상에 따른 일본의 직접투자가 동남아 국가들의 경제성장에 많은 기여를 하면서 일본에 대한 거부감이 상당부분 완화되었다. 따라서 일본 주도의 동아시아경제권 형성에 대해서 동남아 국가가 과감하게 제안하는 데 일조하였던 것이다109).

1994년 5월 ASEAN과 미국은 워싱턴에서 차관급 정 례회의를 개최하여 EAEC 창설을 논의하였다. 당시 미 국은 ASEAN의 EAEC의 출범 승인요구에 대해 APEC 과의 중복, 미국 및 호주의 EAEC 회원국 배제 등을 여 전히 의문을 제기하면서도 EAEC 창설에 뚜렷한 반대 를 보이지 않았다.

1994년 7월 당시 ASEAN 6개 회원국과 한국, 일본, 중국 등 9개국 외상들은 방콕에서 EAEC 비공식회의를 개최하였다. 그러나 이 모임에서 일본과 한국이 EAEC 참가에 소극적인 태도를 견지함에 따라 EAEC 창설은 사실상 무기한 유보되었다. 이렇게 참가 대상국의 소극 적인 입장에도 불구하고 ASEAN은 EAEC 운영안을 새 로이 마련하여 주목을 끌었다.

EAEC가 현실화되지 못한 것은 몇 가지 현실적인 문 제가 존재하기 때문이었다. 무엇보다도 중요한 이유는 일본의 EAEC의 활성화에 필요한 리더십 행사를 거부하

---

109) EAEC 제안의 기본내용은 다음과 같다. ① 동아시아 지역의 교섭력을 강화하고 우루과이라운드가 타결되더라도 무역권 을 창출할 가능성이 크기 때문에 이에 대항할 필요가 있다. ② 동아시아 지역은 미국·EU와 더불어 제3의 세력으로서의 역할담당 ③ EAEC 구성원은 동아시아 지역의 국가가 중심 등이다. 한국 사회연구소(1991), 「월간동향」 4월호, p. 93.

고 있기 때문이다. 일본의 시각에서 EAEC는 APEC에 대립하는 기구이며 바로 이러한 이유로 인하여 일본의 선택이 제약 당한다는 점이다. 미국은 일본에 의하여 주도되는 반미적인 경제공동체의 형성을 반대해 왔다. 그 외에도, 첫째 말레이시아를 제외한 여타 동아시아 국가들은 자국경제의 일본 종속화가 고착될 것을 우려하여 적극적 참여를 꺼리고 있으며, 둘째 세계경제에 의존하고 있는 아시아 국가들이 EAEC와 같이 배타적인 기구를 조직함으로써 자신들의 경제적 행동범위를 아시아 지역에 국한시키는 것을 원하지 않고 있다. 마지막으로, 일본과 동북아의 선진개발도상국들은 시장의존도가 높은 유럽과 공유하게 될까 우려하고 있다. 게다가 중국·소련·북한과 군사적으로 대립했거나 현재 대립하고 있는 상황에서 미국이 이들 국가들의 안보에 행사하는 영향력이 아직도 상당하기 때문에 미국에 배타적인 행동을 하는 데 제약을 받을 수밖에 없다.

이러한 현실적인 제약에도 불구하고 EAEC라는 구상은 여전히 살아있다고 보아야 할 것이다. 비록 공식적으로는 존재하지 않고 있지만 인식론적인 관점에서는 서서히 진화되고 있다. APEC에서 저명인사그룹이 장기비전으로 제시했던 아시아·태평양 경제공동체(Asia Pacific Economic Community)안이 아시아 국가들에 의해 거부되었던 이면에는 EAEC적 논리가 작용했다. 아시아 국가들에게 공동체(Community)라는 단어는 개별국가들의 주권이 극도로 제약된 유럽공동체를 연상케 했다. 전술하였듯이 아시아 국가들이 원하는 것은 개별국가들의 주권을 위임받는 대표들이 함께 모여 경제적 현안을 토의하는 협의체였다. 또 APEC 회원국 간의 협력을 도모하고 자유화를 진행시키는 과정에서도 급진적이기보다는 점진적인 접근을 택하도록 방향 전환이 이루어진 데에도 EAEC적 논리가 작용했다. 또한 결정적으로 ASEM의 결성을 통해 EAEC는 사실상 그 실체를 인정받은 셈이 되었다110). 동아시아와 서양 간의 경제적 갈등이 심화되면 심화될수록 EAEC 또는 이와 유사한 아시아인들만의 경제협력이 가속화될 가능성이 높아질 것으로 예상된다.

지금까지 역내 주요 국가의 입장에 정책을 살펴보았다. 대중화경제권은 연성지역주의의 대표적 사례이며, 엔화경제권은 일본의 경제적 패권을 활용한 동아시아 유일한 사례이다.

대중화경제권은 동아시아 경제 전체로 확대되기 어려운 상황으로 볼 수 있다. 대중화경제권은 독특한 친족 내지 혈연관계를 기반으로 하고 있는데, 이는 다민족·

---

110) *Yomiuri Shinbun,* 1996. 4. 14.

다문화 사회의 동아시아 국가 전체의 모델로 삼기에는 부적절한 것이다. 또한, 대중화경제권은 정치적으로 상호인정하기 어려운 경우에는 성과를 거두었지만, 동아시아 지역협력의 구성원은 국가중심적인 성향을 띠고 있기 때문에 중화경제권 모델의 직접적인 도입은 현실적으로 어려울 것이다.

엔화경제권이 경우 역시 일본 주도에 대한 중국의 반발이 심하고, 일본 경제 종속에 대한 여타 동아시아 국가들의 우려로 현실화되기는 어려울 것으로 예상된다. 또한, 일본 자체 금융시장이 취약한 상태에서 동아시아 전체의 리더십을 발휘하기에는 한계가 있을 것으로 보인다.

일본과 ASEAN의 협력은 경제적 관계의 확대로 정치·안보적 관계의 심화를 가져온 사례라고 할 수 있다. 그러나 이 사례는 ASEAN이 일방적으로 일본에게 의존된 수직적 협력 형태를 띠고 있다. 이 모델을 중국·한국 등 일본의 패권을 극도로 경계하는 국가가 포함되었을 때 현실화될 수 없을 것이다. 따라서 동아시아는 패권에 의한 지역질서 구축은 그 주체가 중국이든 일본이든 당분간 형성되기 어려울 것이다.

ASEAN 주도로 시작된 ASEAN+3은 협력 레짐으로 동아시아에 가장 적절하고 안정적인 모델로 정착할 가능성이 크다. ASEAN은 역내 패권의 역할을 할 수 없으며, 오히려 중국과 일본의 경쟁관계를 완충시켜주는 역할을 할 수 있다. 또, 지금까지 경제적 메커니즘에 의존하던 지역화의 수준에서 탈피하여 국가간 정책 협력과 조정을 가능하게 함으로써 지역협력의 단계로 향상시킬 수 있는 제도가 될 수 있는 것이다.

주목해야 할 점은 동아시아의 구성국가 모두가 지역협력에 긍정적인 태도를 가지고 있다는 점이다. 이는 앞에서 언급한 바와 같이 동아시아가 충분히 지역화 되었기 때문에, 정책결정자들로 하여금, 이를 바탕으로 한 협력의 필요성을 증대시켰다. 또한, 동아시아의 금융위기로 인해 협력의 당위성은 더욱 강화되었고, 이후 서방 중심의 IMF정책에 대한 비판까지 공감대가 형성되면서 각국은 더욱 적극적인 협력에 대한 관심과 기대를 가지게 되었다고 볼 수 있다.

제3절 역외 주요 국가

(1) 미 국

미국의 동아시아에 대한 경제적 관심은 유럽·중남미와 비교하면 상대적으로 높지 않았다[111]. 그러나 동아시아의 경제적 성장과 미국 수출시장으로서의 동아시아 지역의 중요성이 증대되자 미국의 전략적·경제적 이해관계를 보호하고 증진시키는 적극적인 전략을 구사하게 되었다[112].

미국은 적자해소를 위해서 국제금융 분야의 비교우위를 활용하는 것이 중요하다고 보고 이 분야의 개방과 선점(先占)에 총력을 기울였다. 미국의 정부와 금융 자본가들이 협력하여 한편으로는 금융시장의 기술적 우위 확보에 열중하고, 다른 한편으로는 국제적 개방 압력에 집중하였다. 금융파생상품의 위험관리 프로그램의 개발

---

111) U, S. Department of Defense Office of International Security Affairs(1995), *United States Security Strategy for the East Asia Pacific Region*(Washington, DC: U. S. GPO, February).
112) 조셉 나이(1997), "미국의 신(新)아시아 전략(上)", 「국제문제」(서울: 국제문제 연구소), 28권 3호, p. 115.

이나, 증권·보험사간 겸업을 금지해 온 법의 개정은 대규모 종합금융기관을 탄생시킴으로써 이미 세계금융시장의 70퍼센트를 장악하고 있는 미국의 우위를 더욱 견고히 다지는 노력이다.

미국은 군사·안보적인 측면도 아시아의 경제권 공략에 활용하고 있다. 미국의 아태전략(Asia Pacific Strategy)을 주도한바 있는 나이(J. Nye)는 1995년 도쿄에서 "아·태 국가들이 독자의 동아시아경제회의를 구성하면 미국은 이 지역에 대한 안보지원을 철회할 것"이라고 위협하였다. 또한 ASEAN은 경제성장과 아울러 독자적인 다자간 지역 안보체제 안(案)을 모색한 적이 있지만, 미국에 의해 좌절되었다.

미국은 1994년 7월 방콕에서 발족한 아태지역의 안전보장과 신뢰구축을 논의하기 위한 지역안보기구인 ARF에 대해서도 APEC으로 강력하게 견제하고 있다. 1995년 오사카 APEC 정상회담에서 페리(W. Perry) 미 국방장관은 경제기구인 APEC에 안보기능이 추가되어야 한다고 주장하였고, 클린턴 대통령도 ARF 등의 다자간 안보기구들이 미국의 동맹체제와 미군의 전진배치를 보완하는 수단이 아닌 대체를 위한 것이라면 이는 철회되어야 한다며 공식적인 반대 입장을 밝혔다. 결국 미국의 아태전략을 클린턴이 1997년 밴쿠버(Vancouver)

APEC 정상회담에서 밝힌 것처럼 아시아에서 안보와 경제적 이익을 동시에 추구하는 것이다.

APEC에 대한 미국의 정책선회는 클린턴 행정부와 의해 주도되었다. 미국이 APEC에 적극적으로 참여하고 있는 이유는 다음과 같이 정리할 수 있다. 첫째, 현재 빠르게 성장하고 있는 아시아 지역을 자유주의적 경제질서 하에 묶어두려는 의도 때문이다. 그동안 UR의 타결에 있어 소극적이었던 아시아의 신흥공업국이나 개발도상국들을 WTO의 출범에 맞추어 개방적 경제질서 속에 포함시키려는 의도를 미국은 가지고 있는 것이다. 두 번째로 아시아에서 일본이 주도하는 경제블록이 탄생하는 것을 제지(制止)하려는 의도를 가지고 있다. 유럽과 북미지역에서 배타적 경제블록이 형성된 상황에서 아시아에서 경제협력체의 형성에 대한 논의가 활성화되었고, 이러한 논의는 당연히 그동안 이 지역에서 경제적 영향력을 확대해 온 일본을 중심으로 이루어졌다. 마하티르 수상이 EAEG 등을 중심으로 아시아 국가들만의 경제협력체를 제안하자, 미국은 이러한 추세가 자국의 아시아 시장 진출이라는 중요한 전략에 불리하게 작용할 것을 우려하여 미국이 당연히 포함되는 광역적 경제협력체를 적극적으로 추진하였다. 마지막으로 미국은 APEC의 강화 그리고 나아가서 NAFTA와 APEC을 연결시키는 대규모 경제공동체를 형성함으로써 배타적 경제블록인 EU에 대해 효과적인 대응을 할 수 있다고 생각하고 있는 것이다.

미국의 패권, 특히 경제력의 쇠퇴는 클린턴 행정부의 APEC 정책선회를 가져온 가장 중요한 국제정치경제체계의 변화라고 할 것이다. 그렇지만 클린턴 행정부의 정책선회의 배경은 미국 경제력의 상대적 약화 이외에도 다음과 같은 세 가지 요소를 함께 포함한다. 첫째는 탈냉전에 따르는 미국의 안보개념 및 정책의 변화이다. 클린턴 행정부는 냉전 이후 미국의 안보가 미국경제의 회복에 달려있으며, 이를 위해 가장 중요한 아·태 경제에 대한 완전한 접근 혹은 개입의 유지는 미국의 경제안보의 핵심을 이룬다고 할 수 있다. 둘째는 아시아에서의 지역주의의 심화 추세로, 클린턴 행정부는 유럽공동체의 강화와, 아시아에서의 독자적 지역경제협력체 형성 움직임에 대한 적절한 대응방안을 필요로 해왔다. 셋째는 미국의 양자주의 무역정책에 따르는 비용과 편익의 변화이다. 클린턴 행정부 역시 기존의 양자주의 위주의 무역정책 기조를 유지해왔으나, 그러한 공격적인 양자주의의 유효성은 점차 감소하는 반면 그에 따르는 정치적 비용은 증가하는 추세에 직면하게 되었다[113].

미국의 APEC 정책은 APEC의 진정한 경제협력체로의 발전을 가로막고 있다. 미국은 역내 국가 및 소지역 협력체들의 통제 그리고 역내 무역·투자자유화를 우선시하는 APEC정책과 다자주의와 양자주의의 자의적(恣意的) 결합을 내용으로 하는 공격적인 무역정책을 동시에 추구하고 있다. 미국의 이러한 정책은 미국의 리더십에 대한 역내 국가들의 신뢰를 약화시킴으로써, 미국 단독의 또는 다른 국가들이 함께 참여하는 공동의 리더십을 구축하는 데 커다란 제약요인으로 작용하고 있다. 미국의 리더십은 두 가지 면에서 한계성을 갖는다. 첫째, 미국의 구조적 리더십은 상당히 제한된 힘이 자원을 바탕으로 하고 있다는 점이다. 1990년대 들어서면서 일본이 동아시아 지역의 직접투자, 대외원조, 기술 및 자본재의 주요 공급자로 등장함에 따라, 이제는 역내 국가들의 미국수출시장에 대한 높은 의존도가 미국의 구조적 힘이 가장 중요한 요인으로 남게 된 것이다. 둘째, 독자성을 가지고 동아시아 경제협력체에 대한 미국의 반대는 NAFTA에 대한 미국의 입장과 모순을 보이는 것이다. 이는 미국의 아·태 경제 공동체의 실현보다는 동아시아 국가들을 APEC의 틀 안에 묶어두는 것

---

113) 김기환(1996). "아시아·태평양지역의 사회적 조건과 협력", 「현대사회」 43호, p. 212.

에 정책의 우선순위를 두고 있다는 의구심을 갖게 한다. 또한 다자주의와 양자주의의 자의적으로 결합된 미국의 무역정책은 특히 쌍무적 무역압력의 주요대상이 되는 역내 국가들로 하여금 지역 다자주의에 대한 미국의 노력을 의심케 하고 있다. 결국 미국의 APEC의 강화를 통하여 추구하는 전략적 목표와 이에 따르는 정책내용은, 미국의 리더십에 대한 역내 국가들로 신뢰를 약화시키는 결과를 가져오고 있는 것이다. 그리고 이러한 미국의 리더십이 신뢰성 문제는 미국의 적극적인 아·태 경제협력체 정책이 이 지역의 다자간 지역협력의 필요성에 대한 미국의 인식의 변화에서 비롯된 것이 아니라, 국제정치경제의 변화에 대한 전술적 대응의 차원에서 나온 것이라는 평가를 받고 있다.

미국은 자신이 배제된 EAEC 구상에 대해 노골적인 불쾌감과 극도의 반대의사를 공공연히 표명해 왔으며, 자신의 동맹국인 한국과 일본 등이 이러한 제안에 동조하지 말 것을 강력히 요청하였다. 미국이 동아시아 지역협력에 반대해 온 이유는 유럽의 EU에 이어 동아시아 지역에 또 다른 경제블록이 형성되는 것을 원치 않을 뿐만 아니라, 이러한 구상은 아·태 지역에서 미국과 치열한 경쟁관계에 있는 일본이 경제적 주도권을 장악하게 되는 계기를 마련해 줄 것으로 우려했기 때문이다.

동아시아경제협력에 대한 미국의 대응은 일차적으로 NAFTA의 체결에 박차를 가하는 한편 전술한 바와 같이 APEC의 위상강화를 통한 지역경제협력의 주도권을 유지하려는 방향으로 나아가고 있다. 아·태 지역을 하나의 거대한 경제공동체로 지향해 가려는 미국의 제안이 유보되자 미국은 한국과 싱가포르 같은 국가들과 개별적으로 자유무역협정 체결문제를 검토하고 있다. 이는 중장기적으로 아·태 지역의 무역자유화의 단계적 제고를 위한 하나의 전략으로 볼 수 있다. 또한 미국의 시장개방 요구에 좀처럼 부응하지 않는 일본을 공동으로 압박하고 동아시아 경제협력의 본격적인 추진에 쐐기를 박아 이를 사전 견제하려는 시도인 것이다[114].

(2) 호 주

호주는 아시아에 대한 막연한 불안감과 아시아의 경제적 후진성 때문에 백호주의(White Australian Policy) 정책을 펴왔다. 그러나 최근 동아시아 지역이 호주의 안보와 경제적 번영에 있어 가장 중요한 지역으로 간주하고

---

114) 배긍찬(1994), "EAEC 구상의 추진 전망", 「주요국제문제분석」 94-16, p. 8.

ASEAN을 비롯한 한·중·일의 관계증진을 호주의 국가 장래에 매우 중요한 것으로 보고 있다115). 특히 호주가 적극 추진하고 있는 APEC의 발전에 있어서 주도적인 역할을 했는바 동아시아의 적극적인 참여가 불가결한 것으로 인식하여, 동아시아에 대한 정치·경제적 접근을 적극 추진하고 있다. 한편 서방세계에 대하여는 동남아·중국 등 경제 진출에 있어서 호주의 교량적 역할이 효과적이라는 점을 부각시키기 위해 노력하고 있다. 호주는 대(對)동남아 진출과 함께 유엔의 평화유지 활동에도 적극 참여한다는 차원에서 캄보디아의 내전종식에 일조하였으며, 동티모르의 독립과 신정부 구성에도 주도적 역할을 수행하였다116).

호주는 자국의 경제와 정치적 장래는 아시아 국가들의 장래와 밀접한 관계를 맺고 있다고 본다117). 호주는 아시아 지역의 평화와 번영이 지속적인 경제성장과 정치안정을 위해 협력하는 지역 국가들의 능력에 좌우된다는 견해를 가지고 있다. 그러한 협력이 지역적이든 아니든 간에, 어떠한 강대국도 부당한 영향을 미칠 수 없다고 확신하고 있다. 따라서 호주는 UN의 아시아·태평

---

115) Thakur, Ramesh(1998), "Australia's Regional Engagement", *Contemporary Southeast Asia*, Vol. 20, No.1, pp. 1~20.
116) 동아일보, 1999. 10. 2.
117) 대외경제정책연구원(1996), 「호주편람」 p. 180.

양 경제사회위원회, 콜롬보 계획(Colombo Plan) 및 ADB
와 같은 아시아 지역기구에 오래 동안 관여하여 왔다.

호주가 동아시아 지역협력에 관심을 갖게 된 것은 대
외적으로는 첫째 유럽의 지역주의 경향의 심화를 들 수
있다. 유럽경제공동체, 유럽자유무역연합 등 유럽지역
에서 경제통합이 심화·확장되고 대외지향적이고 차별
적인 무역정책이 확산됨에 따라 전통적인 호주의 수출
시장의 상실이 가시화 되었다. 더구나 EU의 공동농업
정책으로 대(對) 유럽 농산물 수출이 더 큰 타격을 입
고, 최대의 농산물 수출시장인 영국의 EU가입이 확실
시됨에 따라 호주의 유럽시장을 대체할 새로운 수출시
장을 절실히 필요하게 되었다. 바로 그 구체적 대안이
고도성장 단계로 진입하였으나, 자연자원이 희박한 동
아시아 지역이었다[118].

호주경제는 세계경제 동향이나 경제적 상호의존 관계
가 높은 특정 지역의 발전 속도와 방향에 의해서 크게
좌우되는 경제구조를 가진 중단위(中單位) 국가로서 동
아시아 지역의 대외개방적 발전전략과 이해관계를 같이
하고 있다. 다시 말하면, 호주의 대외정책은 동아시아
경제의 고도성장을 가능케 한 다자간 자유무역체제를

---

118) 김형식(1997), 「호주의 사회와 문화」(서울: 지구문화), p.
    268.

유지하고, 구미 선진국이 주도하는 지역주의와 보호주의를 견제하기 위한 아·태 지역 국가들의 경제협력을 강화하는 데 최우선 순위를 두고 있다.

호주의 외교노력은 아·태 지역의 경제협력체의 형성과 발전에 집중되어 왔다. 1960년대의 민간차원의 협의체 형성에 주도적인 역할을 담당했던 호주는 아·태 지역에서 정부차원의 공식적인 협력체 결성이 극히 회의적이었던 1977년 역내국 간 경제 및 무역확대를 위한 산업무역정책에 대한 협의와 지역 내 남북문제의 원만한 조정해결을 위한 원조와 투자를 촉진하는 구체적인 방안을 시작하였으나, 당시 호주는 경제통합체가 아닌 개방적인 협력체로서 OPTAD안(案)이 구체화되어 역내국의 경제학자·재계 대표·정부 대표의 공식기구로 PECC가 1980년 호주 캔버라에서 결성되었다. 전술한 바와 같이 PECC는 경제규모, 발전단계뿐만 아니라 사회·문화·인종적인 다양성을 극복하고 창설된 아·태 지역 최초의 공식협력기구로서 APEC 각료회의를 탄생시킨 커다란 이정표가 되었다. 1980년대에 심화된 세계경제의 보호주의 및 지역주의 경향과 더욱 가속화된 동아시아경제의 역동성과 이로 인한 아·태 지역의 상호의존도 증대에 힘입어 1989년 11월 호주 캔버라에서 APEC의 출범으로 발전한 것이다.

APEC의 기본성격은 개방적 지역주의(open regionalism)를 위한 경제협력체이다. 즉 역외국에 대하여 차별적인 무역장벽을 설정하지 않고 무차별 원칙에 입각한 국경장벽을 완화하고 상업적 하부구조(commercial infrastructure)를 정비하고 역내국 간 무역확대와 투자·자본교류를 촉진하는 한편 세계경제의 자유화와 개방화를 견인하는 것이다. 그러나 APEC회의가 거듭되면서, 특히 1993년의 시애틀회의와 비공식 APEC 정상회의를 계기로 미국과 호주는 차별적인 협력기구로의 성격 전환을 주장하고 있다. 이러한 과정에서 볼 수 있듯이 아시아 국가와의 쌍무적 협력관계의 증진을 호주는 원하는 것이다. 호주는 동아시아 국가 문화와 전통의 이질성을 극복하고 상호 이해와 협력을 증진하기 위하여, 지역차원에서뿐 아니라 개별 국가와 쌍무적으로 정치·경제·안보상의 협의는 물론 다양한 분야의 인적교류를 증대하고 있다[119].

EAEC구상에서 제외된 호주는 미국·캐나다 등과 함께 마하티르의 제안에 거부감을 표시해왔다. 그러나 최근 호주는 ASEAN과의 경제협력 진전을 위한 새로운 신호를 보내고 있다. APEC의 출범과정에서 주도적 역할을 해왔던 호주는 지금까지 미국과 APEC 협의에 보조를 같이해 왔으나, 최근 APEC의 제도화 과정에서 미

---

119) 양승윤 외(1998), 「21세기의 비전: 오세아니아」(한국외대), p. 99.

국의 지나친 일방적 독주에 다소 불만을 가지고 있는 것으로 보인다[120]. 또 호주로서는 ASEAN이 중심이 되어 추진하고 있는 EAEC가 폐쇄적 무역블록으로 발전해 나가는 것을 억제할 필요가 있으며, 이를 위해서는 어떠한 형태로든 ASEAN과의 경제적 연계를 별도로 강화해 나갈 필요성도 함께 느끼고 있다. 이와 같은 상황에서 1994년 태국을 방문한 호주 외상은 ASEAN의 역내무역자유화를 이룩하기 위해서 추진되고 있는 AFTA와 CER과의 연계를 추진할 것을 태국 측에 제안한 바 있다.

이러한 맥락에서 1994년 ASEAN 6개 회원국과 호주 및 뉴질랜드를 연계하기 위한 자유무역지대 설치방안을 논의하기 위하여 ASEAN·호주 포럼으로 명명된 국제회의가 캔버라에서 개최되었다. 물론 이 구상이 단시일 내 실현되기는 어렵겠지만 만일 AFTA와 CER 간의 확대자유무역지대 설치협정이 체결된다면 경제협력은 급속하게 발전해 나갈 가능성이 있다. 호주 역시 자국을 포함한 동아시아경제협력을 제안해 온다면 적극적인 반응을 보일 것이다.

1989년 APEC이 출범할 당시에도 호주는 미국을 제외시키기 원했으나, 일본의 반대로 무산된 일이 있다.

---

120) 배긍찬(1994), "EAEC 구상의 추진 전망", 「주요국제문제분석」 94-16, p. 9.

역외 주요 국가인 미국과 호주는 동아시아 지역협력 형성을 늘 반대하고 견제해 왔기 때문에 협력의 최대 장애 변수로 간주되어 왔다. 그러나 최근 여러 변화의 조짐들이 보이고 있다. 우선 미국주도의 APEC이 여러 한계점을 드러내기 시작한 것이다. 그럼으로써 아시아 국가들의 APEC에 대란 신뢰도가 크게 저하되어 있는 상태이다. 미국의 NAFTA-APEC-WTO 전략으로 이어지는 이중삼중(二重三重)의 블록화 정책은 아시아 국가들에게 불만의 대상이 되고 있다. 미국의 아시아 지역주의에 대한 전통적인 반대 입장 역시 동아시아 금융위기를 계기로 일본 주도의 금융지원을 인정하는 등 동아시아 지역협력에 대한 배타적 자세를 많이 완화한 상태이다.

호주는 APEC 출범 당시에고 미국을 배제할 것을 제안할 정도로 동아시아 국가들과 큰 틀에서는 유사한 입장을 가지고 있다. 또한 호주의 산업 및 무역구조가 동아시아와 상호보완적이기 때문에 호주의 참여는 동아시아 지역협력이 반(反)서구적 성향을 갖지 않는가에 대한 의구심을 완화시킬 수 있으며, 역외 국가의 전진기지로서 호주를 활용할 수 있는 이점(利點)도 있다. 다만, 동아시아 지역협력이 구체화되기까지에는 당장 호주의 참여가 어려울 것으로 보이며 지역협력의 발전에 따라 협력의 폭을 넓혀나가는 것이 바람직할 것이다.

제5장 동아시아 지역협력의 주요 방안

제1절 무역·투자 협력 분야

유럽지역이 이미 공동시장의 형태를 넘어 강력한 결제동맹의 일종인 EU로 발전하고 있으며, 북미지역 또한 NAFTA를 확대시키면서 비회원국에 대해 무역차별적인 규정을 협정문에 포함시킴으로써 역외 국가에 대한 장벽을 강화하고 있는 상황이다. 그러나 아시아 지역은 경제체제가 다르고 경제발전의 단계가상이한 나라들로 구성되어 있기 때문에 우선 일본, 한국, 중국을 중심으로 하는 소지역적 경제협력통합체(subregional cooperation)를 추진해 왔다.

(1) 동아시아 자유무역지대(EAFTA: East Asia Free Trade Area)

유럽지역이 이미 공동시장의 형태를 넘어 강력한 경제동맹의 일종인 유럽연합(EU)으로 발전하고 있으며,

북미지역 또한 북미자유무역지대(NAFTA)를 확대시키면서 비회원국에 대해 무역차별적인 규정을 협정문에 포함시킴으로써 국제적인 비난을 받을 정도로 외부국가에 대한 장벽을 강화하고 있는 상황이다. 특히 1990년대 이후에 배타적 지역무역협정간이 무려 68개나 결성되는 등 급속한 증가세를 보이고 있으며 지역무역협정간의 통합도 활발해지고 있다. 따라서 우리나라도 동아시아 지역에서 자유무역지대를 형성함으로써 타 지역 자유무역지대의 형성과 확대에 따르는 무역전환효과에 적극적으로 대처할 필요가 있다.

그러나 아시아 지역은 경제체제가 다르고 경제발전의 단계가 상이한 나라들로 구성되어 있기 때문에 우선 일본, 한국, 중국을 중심으로 하는 소지역적 경제협력통합체(subregional cooperation)를 형성해 나가는 것이 현실적이다. 이와 관련 우리나라의 경제구조상 경쟁성보다는 상호보완성이 더 많다고 판단되는 한·중·일간 자유무역지대의 창설이 바람직할 것으로 생각된다.

FTA협상이 추진되면 우선 아직도 높은 수준에 있는 한국의 주요수출품목에 대한 일본의 관세율이 상당히 낮아질 것이며 물량규제를 받고 있는 일부 품목의 수출이 확대되어 무역역조시정에 획기적으로 기여할 것이다. 특히 2000년에 종료된 일반특혜관세제도(GSP)의 공여가 재개되는 효과가 있어 우리나라의 철강·섬유·화학제품 등 주요수출품의 대일경쟁력이 유지되는 효과가 있을 전망이다. FTA협정이 체결되면 우리정부가 외환위기이후 외국기업의 대(對) 한국투자를 위해 외국인에 의한 적대적 M&A를 허용하는 등 투자환경을 획기적으로 개선한 효과를 극대화하여 일본 측의 대(對) 한국투자가 확대되는 등 투자부문의 상호교류가 활발해질 것이다. 또한 양국 FTA체결로 서비스 분야의 무역장벽이 낮아지거나 철폐되면 투자의 내부수익률이 높아지게 되어 금융서비스부문의 투자와 서비스무역이 활성화될 것이 예상된다. 이러한 경쟁촉진적 개방과 자유화는 국내금융서비스산업의 경쟁력을 제고시키고 이를 통해 경제전체의 자원배분의 효율성이 크게 제고될 것으로 보인다. 마지막으로는 중장기적으로 양국 금융시장과 제도의 동질화가 진행되어 서울·동경 간 금융시장의 연계성이 높아지게 될 것이다. 이는 금융시장의 국제적 통합이 가속화되면서 지역금융센터 간의 경쟁이 격화되고 있는 최근의 환경 속에서 규제로부터 자유롭고 거래비용이 적게 드는 한국과 일본을 중심으로 광범위하게 형성되는 것을 의미한다.

그러나 이러한 이점에도 불구하고 한·일간에는 아직도 경쟁력격차가 존재하는 분야가 많으므로 FTA체결과정에서 급속한 추가개방이 이루어지고 과당 경쟁이 출현하여 국내산업의 안정기조가 저해되지 않도록 신중을 기해야 한다. 특히 금융위기 이후 취약한 수익 기반을 갖고 있는 국내금융기관의 경쟁력이 급속히 하락하여 추가적인 금융부실화를 초래할 가능성이 있으며 농수산물 분야도 민감한 품목이다. 북미자유무역지대(NAFTA)협정의 경우에도 민감한 분야의 경우 최장 15년 정도의 단계적 무역장벽 철폐기간을 인정하였음을 참고하여 단계적인 시장접근을 허용해야 할 것이다.

(2) 지역적 케인지언(Regional Keynesian) 해법

동아시아 금융위기 때 일본의 내수확대만으로 지역전체의 수요축소를 막고 위기를 벗어나가기에는 역부족이었다. 또 전 세계적으로 투자가 연계되어 있기 때문에 아시아 금융위기가 러시아와 중남미의 위기로 확대되었다. 축소균형 지향적인 IMF 처방은 금융위기의 적절한 대응책이 되지 못했다. 지역적 금융위기가 벌어졌을 때 피해당사자들 간에 합의할 수 있는 수준의 공동대응방안은 어떤 형태로든 만들어야 할 필요가 있게 되었다.
아시아 지역의 수요 창출을 위해 국지적으로 전개되

는 국제협력 방안에 대해 전향적 관심을 가지고 실천할 필요가 있다. 동아시아 역내에는 다양한 국지적 협력체가 등장, 일부는 이미 상당한 논의가 이루어져 왔다.

가. 성장삼각지대(Growth Triangle Model)

IMF위기 이전부터 논의된 황금의 삼각지대, 두만강 개발계획 등은 아직 초기 단계에 머무르고 있다. 국지적 경제권 개발로 관련국 투자뿐만 아니라 역외기업들의 투자를 유인할 수 있는 것이다. 특히 국지경제권을 통해 생산되는 제품의 무역으로 역내무역을 촉진하는 것이 가능해지는 것이다. 국지적 경제협력체의 핵심 목표는 각 지역의 비교우위 요소를 결합하는 것이다. 동아시아 국가는 지역별로 자원, 노동력, 자본, 기술 등 생산요소의 보유 정도가 다르기 때문에 이를 결합하여야 전(全) 지역의 효율성을 제고하게 될 것이다.

국지적 협력 중에서도 일부는 시급한 총수요 확대를 위해 아시아판 뉴딜정책으로 공동개발 프로젝트를 고려해 볼 수 있다. 특히 사회간접자본의 확충이 필요한 아시아의 저개발 국가이면서 국제적으로 개발의 필요성이 인정되는 지역을 선정하는 것이 바람직하다. 예컨대 메콩강 유역 개발계획, 두만강개발계획 등 국제적 프로젝트의 실행 등이 대상이 될 수 있다. 인도차이나반도의 메콩강 유역 개발계획은 ADB 주도로 이미 조사 및 타당성이 완료된 대규모의 프로젝트다. 대규모 인프라 개발로 중화경제권수요 진작과 동시에 외환보유고에 여유가 있는 중국 내륙지방 개발로 중화경제권 수요 진작과 역내국 기업의 참여기회를 확대시켜 줄 수 있다.

동아시아 국가들은 서로의 여건이 다르고 경제수준도 상당한 차이를 보이는 것은 전술한 바와 같다. 동아시아 각국의 정부와 기업이 새로운 협력방안을 모색하면서, 개발수준이 뒤떨어진 국가들에 대해서는 고용 및 투자기회를 조성하고 신흥공업국들에 대해서는 경쟁력을 유지하는 기회를 마련하도록 촉진시키는 역할이 필요로 한다. 동아시아 협력방식은 공식적이건 비공식적이건 간에, 지역적 삼각지대의 조성을 고려해야 한다. 성장의 삼각지대나 사각지대에 포괄된 일부 지역에서는 역내 제휴를 새롭게 추진하면서 입지상의 이점을 활용하고 있다. 성장삼각지대를 통한 동아시아협력모델은 저비용으로 고효율을 창출할 적절한 모델로 제안되어 온 것이다.

성장의 중심축이 형성되고 이러한 중심축을 제공할 수 있는 것이다. 성장 중심축의 한 실례로 싱가포르가 말레이시아 남부 죠호르(Johor)주와 및 인도네시아의 바땀(Batam) 및 빈딴(Bintan) 섬을 연결하는 황금 삼각지대를 형성하여 제휴하여 급성장하고 있는 전자산업을 뒷받침할 수 있는 것이다. 이 때 싱가포르는 기술상의 노하우와 장거리 통신 및 운송 등의 사회간접시설을 제공하고 말레이시아는 공업용수와 전력 등 산업지대를 제공하고 인도네시아는 노동력과 기초 원자재를 공급하고 있다.

성장 삼각지대는 다양한 기업문화와 독특한 자원의 결합에서 상승작용이 나타난 수출지역에서부터 시작되었다. 투자국들은 자본과 기술, 경영기법을 제공하고 투자 대상국들은 토지와 기아 천연자원, 숙련 및 비숙련 노동력을 제공하게 된다. 여러 국가간의 비공식적인 성장지향 협력을 추구했던 일부 사례에서는 오히려 정치적인 추진이나 관리에 의존하지 않고 시장의 자유경쟁 논리에 따르는 것이 더욱 성공적인 결과가 나올 가능성도 높다는 주장이다.

성장 삼각지대는 제로섬(Zero-Sum)이 아닌, 모두에게 이익이 된다는 긍정적합(Positive-Sum) 가정에서 출발한다. 가장 큰 기대이익은 공업화의 수준이 가장 높은 협력국에 돌아가게 되어 있다. 그러나 가장 빈곤한 협력국도 고용증대와 기술개발, 기술이전, 노동자들에 대한 산업훈련 등으로 실질적인 혜택을 볼 수 있다.

이는 국가경제의 다른 부문을 발전시키는 촉매역할을 할 수 있다. 신흥공업국들이 많은 아시아 국가에게 성장의 삼각지대는 수출경쟁력을 계속 유지할 수 있는 한 가지 방안이 된다. 인도네시아와 태국·필리핀 그리고 베트남에서도 성장의 삼각지대 방안은 개발을 촉진시키고 고용을 창출하며 필요한 기술을 도입할 수 있는 수단이 될 수 있는 것이다.

SIJORI(Singapore-Johor-Riau) 삼각지대는 싱가포르·말레이시아·인도네시아 3개국 간 지역개발프로그램이다. 싱가포르는 풍부한 자본과 사회간접자본을, 말레이시아는 양질의 산업 배후 지역을, 인도네시아는 천연자원과 저임의 노동력을 제공하여 외국인투자자에게 양호한 투자환경을 제공하기 위한 목적으로 추진되었다. 특히 싱가포르는 경제발전에 따라 개도국의 무역촉진을 위해서 선진국이 부여하는 최혜국 대상에서 졸업한 이후 아직 혜택을 받고 있는 지역을 활용하여 선진국에 우회수출을 위한 생산기지로 SIJORI의 활용을 도모하고 있어 조호르와 리아우에 대한 싱가포르의 투자가 높은 비중을 차지하고 있다.

북성장삼각지대는 말레이시아 페낭, 태국 남부, 인도네시아의 수마트라를 연결하는 지역개발프로그램이다. 이 계획은 1991년 9월 마하티르 수상의 제안에 따라 시작되어 수자원의 공동개발, 사회간접자본의 확충, 관광지 개발 등에 대해 상호보완적인 경제협력을 추진하고 있다. 개발은 주로 민간이 주도하고 정부는 간접적인 지원에 주력하고 있다. 1993년 7월 말레이시아·인도네시아·태국 3국 경제장관들은 성장삼각지대를 위한 공동협의회를 설치하기로 합의하였으며 말레이시아는 도로건설, 전자제품 생산 등 16개의 사업을 추진하고 있으며 태국은 수산업과 자원개발 등 22개 프로젝트를 검토하고 있다.

라모스 전(前)대통령이 1993년 1월 제4차 ASEAN 정상회담에서 EAGA(East Asia Growth Area)를 공식적으로 제안한 후 필리핀·인도네시아·말레이시아·브루나이 4국이 1994년 3월 양해각서를 체결하여 통상, 투자, 농수산, 관광 분야에서 부분적인 통합을 목적으로 조세법, 투자법 등 관련법규의 간소화와 개발계획을 공식적으로 추진하기로 하였다. 이 계획은 ASEAN 최대의 농수산단지 및 관광단지의 조성을 목표로 추진되고 있으며, 개발구상의 내용을 보면 필리핀의 민다나오 섬은 주로 노동력을 제공하고 인도네시아의 술라웨시는 코코넛 등 농산물과 천연자원을 공급하고, 인도네시아의 칼리만탄은 석유, 목재, 토지공급을 담당하고, 말레이시아의 사라와크는 석유를 공급하고, 브루나이는 천연가스와 자본을 분담하기로 약속하면서 삼각지대 개발 계획이 구체화되고 있다.

나. 메콩강 개발

메콩강 유역국가의 총 인구는 2억 3천만 명으로 2010년 3억 명을 넘어설 것으로 추정되고 있다. 총 GDP규모는, 1960억 달러(1996년 추계)로서 1인당 국민소득은 태국을 제외하면 아직 210~340달러의 매우 낮은 수준이다. 따라서 산업기반이 취약하고 경재개발의 운송·전력 등 하부구조의 미비 등 각종 제도적 기반의 취약점을 안고 있다. 그러나 여타 개도국에 비해 자조노력이 높고 풍부한 천연자원과 양질의 인적자원을 바탕으로 성장가능성이 큰 것으로 평가되고 있다.

메콩강 유역국가들이 대부분 사회간접자본이 매우 열악한 실정이기 때문에 인프라 분야의 개발이 메콩강유역개발사업(GMS: Greater Mekong Subregion)의 핵심 분야이다. ADB의 GMS개발사업에 대한 주요 관심사는 교통·에너지·통신·인력개발·관광·환경·무역 및 투자 등 모두 7개의 협력 분야이다.

가장 중요시되고 있는 개발 분야는 교통 부문이다. 태국을 제외하고 역내교통 및 운송을 위한 기초시설이 지

극히 낙후되어 있다. 향후 교통·관광 등의 활성화에 따라 예상되는 역내 교통량 증가에 대처하기 위해서는 도로를 중심으로 한 육상 교통망 연경이 가장 시급하다는데 GMS개발사업에 참여하고 있는 국가로는 공통된 인식이다. 에너지 부문에서는 관련국들이 현재 댐 건설 등 전력개발 사업에 큰 관심을 보이고 있다. 이 사업은 민간기업의 외자유치에 의한 BOT방식으로 진행되고 있는데, 현재 라오스를 중심으로 수력발전소 건성이 활기를 띄고 있다. 이 지역 수력발전의 잠재 발전량은 6만 메가와트(MW)나 되지만, 현재 2퍼센트 정도밖에 개발되지 않은 상태이다. 막대한 투자비용과 전력수요의 불확실성 등으로 라오스 이외의 국가에서는 주로 타당성 조사 차원에 머무르고 있는 실정이다.

석유 및 가스개발의 경우 미얀마의 야다나(Yadana) 가스전 개발 등 5개의 프로젝트가 성정되어 있다. 그러나 야다나 프로젝트와 베트남, 캄보디아, 태국의 가스 파이프라인 건설사업 외에 크게 진척된 것은 아직 없다. 통신 분야는 18개 사업에 총 1억 7천만 달러를 투입할 예정인데, 통신망 구축사업은 기존통신망을 최대한 활용하면서, 지역적으로 동남아의 북부·동부·서부 등 3개 지역을 연결하는 광섬유 케이블을 설치할 계획이다.

인력개발 분야는 질병 및 보건에 대한 지역협력과 교육 훈련부문에 원거리 교육시스템의 개발, 시장경제전환 지원 프로그램 개발 등 11개 부문이 계획되어 있고, 환경부문은 환경감시 관련 정보시스템 구축, 인력훈련 및 조직의 강화, 산림자원관리, NGO 등 11개 사업이 마련되어 있다. 관광 분야의 경우 메콩강 관광 계획에 대한 연구가 진행 중이며 관광자원 보조 및 관광안내에 대한 훈련 프로젝트, 관광실무 그룹회의개최 등 5개 프로젝트가 마련되어 있다. 무역 및 투자 부분에서는 투자환경 개선사업, 기준·표준통일 및 개선사업, 투자실무 그룹회의 개최 등 8개 사업이 추진될 예정이다.

이를 실현하기 위해서 메콩강 유역 6개국이 추진하고 있는 GMS 개발사업을 적극 지원키로 하고, 이에 한국과 일본이 참여해 줄 것을 공식 요청하였다. ASEAN의 GMS 개발사업을 통하여 동남아 역내 단결과 공공번영을 대명제로 하여 경제협력도 제고해 나갈 수 있을 것이라는 강한 기대를 하고 있다. 투자지역과 무역확대를 희망해 온 인도차이나 지역이 유력한 투자대상 지역으로 부상하였다.

GMS 개발사업을 통한 중국과의 관계개선은 다국 간의 협력을 바탕으로 하고 있기 때문에 위험성은 최소화하면서 소기의 목표를 달성할 수 있을 것이다. GMS 개발사업이 순조롭게 진행된다면 ASEAN의 인도차이나 국가와의 상호유대 협력은 더욱 확대할 것이 분명하며 동북아 국가의 참여로「동아시아 지역협력」은 명실상부하게 정치적 의미뿐만 아니라 실질적인 경제협력의 계기가 될 것이다.

탈냉전으로 동아시아의 국가관계가 개선될 수 있었고, 이를 기초로 연성적 방법론에 입각한 다양한 프로젝트가 추진되었다. 그러나 현재까지 논의되거나 진행된 프로젝트는 기대와는 달리 대부분 미진한 상태에 머물러 있거나, 프로젝트 자체가 유명무실해 진 가운데 방치되고 있다. 이는 동아시아 금융위기로 인해 대규모 사업에 대한 투자 여력을 갖지 못한데 일부 원인이 있을 것이다. 하지만 보다 근본적인 문제는 연성적인 협력 방안들이 국가의 의도적인 협력을 필요로 하지 않기 때문이다. 그래서 프로젝트에 대한 부담을 갖지 않고 논의가 이루어지기는 하지만 역(逆)으로 어떤 구체적인 결과를 도출하기 위한 주제와 주요 행위자의 적극적인 태도의 결여를 가져온다는 데 있다.

경제적 기제(基劑)는 각 국가간의 협력의 동기를 가져오고, 지역적 논의에 대한 관심과 참여를 확대시킬 수 있었다. 즉, 경제적 변수는 협력의 출발점으로서는 분명한 의미를 가질 수 있었으나, 협력의 과정과 결과에까지 이르는 추진력을 제공하지는 못하였던 것이다. 신자유제도주의의 주장처럼, 기능적인 접근에 의한 협력만으로는 한계가 있으며, 국가의 적극적인 정책이 보완될 때 동아시아 국가의 협력은 결실을 가져올 수 있는 것이다.

제2절 금융 협력 분야

1997년 7월 태국의 바트화 폭락으로 시작된 동아시아 금융위기는 인도네시아·태국·말레이시아·필리핀을 거쳐 1월에는 한국으로 확산되었고 홍콩·일본 경제에 연쇄적인 파급효과를 초래하였다. 동아시아 금융위기의 영향을 비교적 적게 받았던 중국경제까지도 내수 침체와 대외부문의 부진으로 경기가 빠르게 후퇴되는 추세를 보이고 있다. 이는 동아시아 금융위기에 어느 국가도 자유로울 수 없었음을 의미한다.

동아시아 금융위기를 통해 어느 때보다도 상호 긴밀한 협력관계 유지가 절실하다는 공감대가 형성되고 있다. 무역·투자 등 전통적인 부문의 양적 확대뿐만 아니라 경제위기에 공동 대처하기 위한 금융협력 강화와 거시경제정책조율의 필요성까지 공감하기에 이른 것이다.

(1) 통화협력

아시아 지역에서는 달러화에 과도하게 의존하였던 기본의 금융관행을 개선하지 않고는 급격한 자본유출입과 환율변동을 막을 수 없다는 공감대가 형성되면서 아시아 내 통화 협력 장치 또는 경제협의체의 구성이 설득력 있는 주장으로 제기되었다.

이 중에서 아시아의 국제통화 금융시스템의 추진 방향으로 2단계 방안을 제안하고 있다. 제1단계는 환율변동의 위험성을 회피하기 위하여 대외거래를 '달러 집중형'으로부터 '다통화 분산형'으로 변경시키는 것이다. 즉, 동아시아 국가들은 무역계약·자본거래·외화준비 등의 거래에 있어서도 기존의 달러 집중형으로부터 다통화 분산형으로 변경할 필요가 있다는 것이다. 이를 위해서는 무역계약통화, 투자통화, 그리고 준비통화라는 세 분야의 국제거래에서 엔화의 사용비율을 높임으로써 일본이 '최후의 대여자'로서의 역할을 해야 한다는 것이다. 즉 일본이 아시아 국가에 대하여 우선 엔화 결재(決裁)의 수입을 확대시키고 누적 채무의 연장 교섭에 있어 달러 결재의 채무를 엔화 결재의 채무로 전환하는 것을 장려해야 한다고 주장한다. 이를 위해서는 유동성 공여의 긴급자금원조의 경우 IMF와는 별도로 AMF를 통한 독자적이고 엔화 차관 공여가 필요하다고 본다. 이러한 다통화 분산형이 확립되면 투기적이고 변동적인 달러의 위험으로부터 보호를 받기 때문에 일본과 아시아 국가 모두에게 상당한 이익이 된다는 주장이다[121].

제2단계는 엔화를 아시아의 기축통화로 발전시켜 아시아 역내의 완결적인 국제자금순환을 형성하는 것이다. 국제자금 순환이라는 것은 각국 금융시장 간의 네트워크에 의해서 이뤄지는 자금거래로 국제금융센터가 중심이 된다는 것이다. 국제금융센터의 중심이 되기 위해서는 건전성·효율성·유동성을 가져야 하며, 높은 신용등급을 가지는 금융기관이나 시장을 확립하여야 한다. 아시아의 금융시장이나 금융기관은 아직 최상의 신용등급을 지니고 있지 못해, 지역 내에서 상호의 네트워크를 구축할 수 없으며, 이 때문에 아시아의 금융시장이나 금융기관은 런던이나 뉴욕에 의존하게 되었다. 그 결과 아시아 국가의 저축은 런던이나 뉴욕에 자본수출 되며, 아시아 국가의 투자수요는 그곳의 자본수입으로 충당되고 있다. 이러한 기존의 국제 자금순환체계 때문에 현재 '자본과잉의 일본'으로부터 '자금부족의 아시아'로 유입해야 하는 자금을 미국으로 유출시키게 된

---

121) 진창수(1998), "동아시아경제위기에 대한 일본의 역할", 세
    종연구소, pp. 2~3

다. 이것이 또한 엔저(低)-달러고(高)를 형성, 아시아의 경제를 더욱 악화시키고 있는 것이다[122].

아시아 지역은 엔화나 유로화에 대한 수요나 사용을 증가시킴에 따라 스스로의 결정에 의해 달러, 유로, 엔화를 주축으로 하는 삼각체제를 만들어낼 수도 있는 능력을 갖고 있다. 특히 달러화나 엔화에 대한 과도한 의존이 아시아 지역의 외환금융위기의 한 원인이라면 유로화나 엔화로 분산할 충분한 이유가 있다. 동아시아 국가들은 아시아통화협력체의 수립여부와 관계없이 아시아의 대(對) 유럽무역규모를 고려하면 장기적으로도 유로화나 엔화의 사용과 보유를 늘려갈 수도 있을 것으로 보인다.

지역적 협력을 도출하기 위한 아시아 역내 정책적 합의와 제도를 구축할 필요가 있다는 것이다. IMF 지원을 받는 한국·태국·인도네시아는 지금까지 개별적으로 협의 진행해 왔다. 각국의 협상력 부족을 보완하기 위해 3국이 공동 협의회를 구성해 공동 대응할 필요가 있다. 현재 아시아는 일괄된 목소리가 없이 개별적 차원에서 IMF, World Bank, 미국 등과 교섭을 하면서 협상력 열세(劣勢)를 감수해 왔다. 아시아 금융·외환 협력

---

122) 이광일(1998), "국제금융자본과 IMF관리", 「동아시아발전모델은 실패했는가」 한국정치연구회 편(編), p. 50.

체제는 아시아의 독자적 목소리를 통해 범세계적 금융
질서를 보완하며 작동할 수 있는 것이다.

가. 화폐의 역내사용 확대

1998년 10월 7~8일 필리핀 마닐라에서 개최된 제30
회 아세안 경제장관회의에서 ASEAN 국가들은 역내 간
무역대금을 역내통화로 결제하자는 방안을 제안하였다.
이를 위해 현재 말레이시아가 필리핀, 인도네시아, 태
국 등과 쌍무접촉을 벌이고 있으며 인도네시아와 태국
도 유사한 협의를 진행하고 있다. ASEAN 10개 회원국
중 다소 경제력이 떨어지는 미얀마, 라오스, 베트남은
당분간 역내 통화결제 대상에서 제외되었다.

실제로 ASEAN 국가간 무역거래에 있어서의 역내통
화의 사용은 과거 10년 전부터 존재해 왔으나 큰 성과
를 거두지 못하였으며 최근의 동아시아 금융위기 이후
역내경제 안정 및 역내부역 활성화를 위하여 확대·추
진하고자 하는 것이다. 역내통화결제 제도는 ASEAN
전체 대외무역의 절반을 차지하는 역내무역대금을 역내
통화로 결제하고 미국 달러화에 대한 의존도를 줄임으
로써 자국화폐 가치를 지키자는 것이다. 이를 통해서
ASEAN 국가들은 역내통화결제 방식을 활용하여 통해

외환위기 극복과 적정 외화보유고 유지, 환투기 완화 등의 효과를 거둘 수 있을 것으로 기대하고 있다. 특히 ASEAN의 민간기업들은 현재의 아시아 경제위기가 아시아 지역의 기업 활동과 무역거래에 심각한 영향을 미치고 있으며, 급격한 환율변동과 신용경색 현상으로 인해 무역거래, 원자재 구매 및 사업 활동에 있어 어려움을 가중시키고 있다. 그러므로 신용회복 및 금융경색현상 완화를 위하여 이러한 제안에 대하여 적극적인 지지의사를 표명하고 ASEAN 정부와 함께 공동보조를 취하는 데 동의하고 있다.

역내통화결제 실행을 위한 기본원칙은 첫째, 이 제도에 대한 참여는 자발적이며 둘째, 이 제도는 무역거래의 효율을 높이고 현행 무역결제시스템에 대한 정부의 보조금이나 추가적인 비용을 수반하지 않고 현행 시장지향체제(market-oriented)로 운영될 것이다. 셋째로 이 제도는 현재의 무역 및 결제체제와 병행하여 도입될 것이고 국제무역 및 결제에 대한 추가적인 제약 또는 통제수단이 되지 않을 것이며, 넷째로 이 제도의 원활한 이행을 위해 단계적으로 실행될 것이다. 끝으로 이 제도는 현재의 무역 및 결제에 관한 국제협정(WTO 및 IMF포함) 및 관련 국내 규정 내에서 운영되는 것으로 구성되어 있다.

ASEAN 역내통화를 사용하는 데 있어 최대 장애는 초기에 ASEAN 국가간의 교환환율이 시장 환율과 다른 수준에서 고정되어 있어 실세를 정확히 반영하지 못하는 경우에 시간이 지나면서 이에 대한 조정압력이 있게 될 것이기 때문이다. 향후 ASEAN 통화가 안정이 될 경우 ASEAN 통화 간에 고정환율 고시(告示)가 가능하므로 ASEAN 국가간의 계약가격을 확실히 결정할 수도 있을 것이다 그러나 현재와 같이 환율이 불안정한 상황에서 시장요인이 고시환율에 큰 영향을 줄 경우 이 고정환율 시행에 있어 큰 어려움이 있을 것으로 보인다. 또한 이 제도는 양국간결제협정(BPA: Bilateral Payment Arrangement)형태로 무역거래는 차액만을 결제함으로써 외환사용이 억제되나 환차위험 및 거래당사자 위험 등의 위험요소를 수반하게 된다.

ASEAN 국가간 무역에 역내통화 사용을 확대하기 위해서는 거시경제정책 면에서 최소한 조정으로 환율을 일정범위 내에서 안정적으로 유지하기 위한 다국간 협정을 체결해야 한다. 이러한 구상은 ASEAN회원국가 및 동아시아 국가의 교역량 급증에 따라 역내통화의 안정을 위한 제도설치의 필요성도 높아질 것으로 예상된다.

나. 아시아형 통화페그제 도입

아시아 각국간 환율안정의 핵심은 엔화의 변동을 어떻게 각국의 환율수준에 반영하는가에 있다. 아시아경제는 실물부문에서 절대적으로 일본의 영향을 받고 있으나 금융 및 외환시장에서는 달러화의 영향 하에 있다. 일본은 직접투자, 중간재 및 소재 수출 등을 통해 아시아의 산업체계를 지배해왔다. 그러나 아시아 통화 환율은 달러 중심의 외환시장에서 결정되며 특히 엔/달러환율 변동을 반영하지 못하였다. 개별국가의 환율이 엔화 변동을 방영하기 위해서 아시아 통화를 엔화에 페그시키는 방법을 고려할 수 있다. 현 단계에서 엔화환율의 신속한 반영과 역내 국가간 환율안정, 공급과잉 상태를 낳는 산업구조조정을 위해서는 아시아형 통화페그제(대일(對日)엔화 페그)도입이 바람직하다. 엔화를 기축통화로 하여 동아시아 지역의 통화를 엔화에 페그시켜 일정부분에서 변동하도록(일정폭의 관리변동제) 각국이 협조하는 것이다. 환율변동 폭은 달러화의 아시아경제에 대한 영향력을 고려하여 결정하는 것이다.

아시아형 통화페그제는 아시아 역내 국가간 환율 폭은 설정하지 않았다. 이 같은 페그제는 가맹국 간의 대일 환율을 안정시켜 아시아 각국이 비교우위에 입각한 산업발전을 추진함으로써 산업의 분업화를 촉진하였다. 아시아의 산업구조가 일본의 직접투자나 경영시스템의 이전을 통해 고착되었기 때문에, 아시아 각국 통화가 엔화환율에 페그되면서 자연적으로 비교우위산업이 드러나게 되고 비교열위산업은 퇴출될 것이다.

동아시아 지역에 있어서 경제수준이 비교적 앞선 NIEs 지역(한국, 대만, 홍콩, 싱가포르)부터 페그제를 시작할 필요가 있다. 경제수준이 ASEAN국가에 비해 발전된 NIEs 지역이 먼저 엔화 페그를 시작하여 환율변동 폭을 설정하고 ASEAN은 현재의 자유변동환율제를 엔화 중심바스켓제 혹은 엔화페그제로 점진적으로 전환하고, 일정시점 이후에는 엔화페그제를 완성시키는 것이다. 이때 환율변동 폭 설정과 운용제도 등은 동아시아금융회의에서 경제상황에 맞춰 결정한다. 이에 따라 역외통화의 급속한 교환비율 변동으로 인한 피해에 대한 구제방안을 마련하는 것이다. 예컨대 대미달러 환율과 통화페그제에 의한 환율, 시장의 수급상황에 의해 결정될 수 있는 환율 사이의 괴리(乖離) 문제를 해결하는 것이다.

아시아 최적 통화페그제 도입을 위해서는 전술한 바와 같은 엔화의 국제화가 필요하고 이를 위해서는 일본의 제도개혁과 리더십이 선결과제일 것이다. 아시아내 최대 수입시장과 자금의 최후 공여자로서 일본의 역할 이 기본이다. 아시아권으로부터의 수입을 확대하고 수 입대금은 엔화로 결제하며, 엔화자산을 신뢰하고 보유 할 수 있는 분위기와 제도를 정비하는 것이 선정되어야 할 것이다.

제3절 지역협력의 제도화 추진

(1) 동아시아 정상회의

지금까지 살펴본 것에 따르면 국제경제 협력은 본질 적으로 정치적인 문제이다. 예를 들어 1960년 LAFTA 는 창설 10년도 못되어 흔들리기 시작했는데, 이는 참 여국 중에서도 상대적으로 저개발국(볼리비아·에콰도 르·파라과이·우루과이)들이 자유무역 지역창설에서 오는 이익의 대부분을 발전부국(아르헨티나·브라질· 멕시코)들에게 착취당하고 있다는 인식 때문이었다. 이 러한 예들은 현실 세계에서 진행되고 있는 국가간의 경 제 협력이란 비교우위론적인 경제 논리와 도덕적 차원에서 진행되는 것이 아니고 상대적 이익 또는 손실의 배분을 둘러싼 협상과 선택의 과정을 통해 이루어지고 있다는 점을 보여준다.

1990년대 이후 선진국뿐만 아니라 다수의 개도국 및 체제 전환국이 지역단위의 무역협정을 체결하면서 지역주의는 세계화와 함께 세계경제의 양대(兩大) 조류가 되었다. 동아시아 지역의 경우 지역협의체 구성 노력이 미진한 실정이었으나, ASEAN이 1997년 ASEAN 창설 30주년을 기념한 비공식 정상회담이 한국, 중국, 일본을 초청함으로서 ASEAN+3 정상회의가 개최되었고, 향후 이를 정례화하기로 합의하였다.

1998년 베트남 하노이에서 개최된 ASEAN+3 회의에서는 당사국들의 개혁 노력과 일본 미야자와 플랜의 실천문제, 국제금융체제 개편 문제 등 당면한 경제위기 극복방안들이 중점적으로 논의 되었으며, 역내 안보문제도 함께 의제 에 포함되었다. 오부치 수상(당시)은 일본의 아시아 경제 회복의 견인차 역할을 충실히 수행하기 위해서 23조엔 규모의 긴급경제 대책을 강력히 주진하여 일본경제를 회생시킴으로서 아시아 경제 회복을 주도해 나갈 것이라고 선언하였다. 오부치 수상은 대외적으로는 경제위기를 겪고 있는 동남아 국가들에 대해 300억 달러 자금지원을 포함한 미야자와 플랜을 조속히 구체화 하고 향후 3년 간 총 600억 엔(약 85억 달러) 규모의 저금리 특별차관을 신설하는 한편, 향후 5년간 ASEAN 각국 산업인재의 연수 교육 제공을 약속하였다.

중국 역시 ASEAN+3 재무차관 및 중앙은행 부총재회의를 개최하여 단기 자본의 이동문제를 포함한 거시 경제정책 협조 문제를 검토하자고 제안하였다. ASEAN 측은 일본의 제안에 대해 환영과 기대를 표명하는 동시에 중국 및 한국의 제안들에 대해서도 차후 검토하자는 반응을 보였다. 그리고 ASEAN 측과 한·중·일 3국은 이와 같이 확대정상회의를 ASEAN 정상회의 때마다 개최하자는 데 합의함으로서 사실상 ASEAN+3 회의가 정례화 되었다.

마닐라에서 개회된 ASEAN+3 정상회의에 참석한 9개국 정상들과 말레이시아 총리의 특별대표는 그들 국가간의 관계 발전에 긍정적인 반응을 보였다. 정상들은 동아시아 지역에서 상호교류와 밀접한 연계가 더욱 증진될 수 있다는 전망에 주목하고, 이러한 점증하는 상호 교류가 동아시아 국가간 협력 및 협조 기회를 증진시킴으로서 이 지역 평화, 안정과 번영의 증진에 필요한 제반 요소를 강화하고 있다는 점을 인식하였다. 21세기의 도전과 기회, 그리고 세계화·정보화 시대에 있어서 지역 차원의 상호 의존성 증 등대에 유념하면서, 동아시아 및 전 세계에서의 상호 이해·신뢰·선린·우호·평화·안정 및 번영의 증진을 위해 대화를 촉진하고 공동노력을 심화·강화해 나가기로 합의하였다.

이러한 맥락에서 ASEAN과 한·중·일 정상들은 유엔헌장, 평화공존 5원칙, 동남아 우호 협력조약 및 보편적으로 인정된 국제법의 원칙에 따라 동아시아 국가간 상호관계를 다루어 나가야 한다는 점을 강조하였다. 그들은 1998년 12월 하노이 제6차 ASEAN 정상회의에서 ASEAN+3 정례적 개최의 중요성에 관해 내린 결정과 당시 활동 중인 동아시아비전그룹의 노고를 상기하면서, 미래의 도전에 직면하여 우선적으로 이해와 관심을 가지고 있는 분야에서의 동아시아 협력을 증진하기 위해 대화 과정을 더욱 촉진하고 협조를 강화해 나가기로 합의하였다. 이러한 맥락에서, 동아시아 정상들은 다양한 수준에서 그리고 특히 아래와 같은 다양한 분에서 공동 노력하여 이미 진행되고 있는 여러 형태의 협력과정을 발전시켜 나가야 한다는 점을 강조하였다[123].

동아시아 정상들은 경제 협력 분야에서 통상·투자·기술이전·정보기술 및 전자 상거래에 있어서의

---

123) Joint statement on East Asia Cooperation, 1999. 11. 28.

기술협력증진, 중소기업 강화, 관광 진흥, 메콩강 유역 등 동아시아 성장 지역 개발에의 적극 참여 촉진 등의 가속화를 위한 노력으로 강화하고 동아시아 기업협의회와 업종별 민간협의 회와 같은 네트워크 구축을 통해 경제 협력 활동에 대한 민간 부문의 광범위한 참여를 촉진키로 합의 하였다. 또한 동아시아에 있어서의 지속적인 경제 성장과 경제 위기 재발을 방지하기 위한 필수 불가결한 안전조치로서 구조개혁을 지속하여 추진하고 이와 관련한 협력을 강화하기로 합의 하였다. 또한 통화·금융 협력 분야에서 공통의 이익이 있는 금융·통화·재정 현안 관련 정책 협의, 조정 및 협조를 강화함으로서 거시경제에 대한 위험 관리에 초점을 맞추어 나가자는 데 의견일치를 보았다. 이와 함께 기업 경영 행태의 효율성을 제고하며, 역내 자본이동을 감시하며, 은행·금융 제도를 강화하며, 국제금융체제를 개편 하며, 진행 중인 ASEAN+3 재무부 및 중앙은행 지도자와 정부 간 협의 및 협력메커니즘을 포함한 ASEAN+3 틀을 통한 동아시아 지역의 자구(自救) 및 지원 메커니즘을 제고해 나가기로 하였다.

사회 및 인적자원개발 분야에서 동아시아 국가와 역내 간 경제·사회 적 격차 해소를 통한 동아시아의 지속 성장을 위해 사회자원과 인적자원 개발이 중요하다는 데 동의하였다. 이러한 점에서 정상들은 인적자원 개발기금 그리고 사회안전망을 위한 ASEAN 행동계획 등을 통한 ASEAN 인적자원개발 계획의 이행과 같은 분야에서의 협력 노력을 제고시켜 나가기로 합의 하였 고, 과학 및 기술 분야에서 동아시아 경제 발전 증진 과 지속적 성장을 위한 능력 배양을 위한 협력을 강화 하기로 하였다.

<표 12> ASEAN+3 진행현황

회차	개최시기	개최지	주요합의 사항
제1차 정상회의	1997. 12	말레이시아 쿠알라룸푸르	· 최초의 동아시아 정상 간 회의 · 아세안측, 향후 한·중·일 정상 초청 정례화 희망
제2차 정상회의	1998. 12	베트남 하노이	· 동아시아 경제위기 재건 방안 논의 · 한국, 동아시아비전그룹(EAVG) 설립 제안
제3차 정상회의	1999. 12	필리핀 마닐라	· 21세기 동아시아 지역의 중장기적 발전과 협력 강화 방안 논의
제4차 정상회의	2000. 11	싱가포르	· 한국, 동아시아연구그룹(EASG) 설치 제안
제5차 정상회의	2001. 11	브루나이 반다르 세리 베가완	· 동아시아 연구그룹의 중간보고서 제출 · 한국: EASG가 집중적으로 연구할 분야로서 아세안+3회 의의 동아시아정상회의로의 전환, 동아시아포럼(EAF) 설치, 동아시아 자유무역지대(EAFTA) 창설을 제의 · 아세안: 정보격차 해소를 위한 인적자원개발 필요성 강조
제6차 정상회의	2002. 11	캄보디아 프놈펜	· EASG, 최종보고서 제출 · 한국: 동아시아포럼(EAF)의 창립총회 서울개최 제안 및 아세안통합이니셔티브(IAI)에 500만 불 지원의사 표명
제7차 정상회의	2003. 10	인도네시아 쟈카르타	· EASG(동아시아연구그룹) 최종보고서 협력조치의 성실한 이행 필요성 강조 · 테러 등 안보위협에 대한 공조체제 확립 필요성 언급
제8차 정상회의	2004. 11	라오스 비엔티엔	· 동아시아 지역협력의 실질적 강화 · 한반도 문제6자회담 해결 지지 · 한국·러시아 동남아우호조약(TAC) 가입

자료: ASEAN Homepage 및 외교통상부

문화 및 정보 분야에서 동아시아 문화의 장점과 미덕에 초점을 맞추면서 이 지역 강점이 문화의 다양성으로부터 나온다는 인식 하에, 아시아적 관점의 여타 지역으로 확산하고 인적 교류의 증진과 문화적 이해와 평화증진을 위한 지역 협력을 강화해 나가기로 하였다.

개발협력 분야에 있어서는 이 지역의 장기적인 경제 및 정치적 안정을 달성하기 위하여 지속적인 경제 개발, 기술 능력 그리고 국민들의 생활 주순 증진 등을 골자로 한 하노이 행동 계획(Hanoi Action Plan)의 이행을 위한 ASEAN의 도력에 대한 지지의 천명과 확산이 중요하다는 데 대하여 의견을 같이 하였다. 또한 이들 정상들은 정치 안보 분야에서 동아시아 지역의 항구적 평화와 안정을 이룩하기 위한 상호 이해 및 신뢰 증진을 위해 대화, 조정 및 협력을 계속해 나가기로 합의 하였다.

동아시아 국가들의 공동 노력과 협력 과제를 통해 각종 다자(多者) 무대에서 제 반 활동들을 어떻게 지지하고 보완해 나갈 것인가에 유념하면서 UN · WTO · APEC · ASEM · ARF 등 다양한 국제적 또는 지역적 협의제 그리고 지역 및 국제 금융기구에서의 조명 및 협력을 강화하기로 합의하였다.

동아시아 정상들은 다양한 분야에서의 협력 실현을

위해, 관계 장관들에게 기존의 각종 기구 특히 고위 관리들을 통해 본 공동 성명의 이행 상황을 점검하도록 하는 과제를 부여하였다. 정상들은 아울러 본 공동 상명 이행의 전진상황을 검토하기 위해 2000년 태국 방콕에서 개최되는 ASEAN 확대외무장관회의 개최시기에 ASEAN+3 외무장관 합의를 병행 개회하기로 합의 하였다. 동아시아 국민들의 삶의 질과 21세기 이 지역의 안정과 실질적인 영향을 줄 수 있는 구체적 결과를 가져올 수 있도록 동아시아 협력을 보다 심화·확대시키기 위한 합의도 보았다.

ASEAN+3은 통하여 동아시아 지역 협력의 기반을 마련하는 중요한 계기로 평가할 수 있다. 비록 실질적이고 가시적인 결과는 아직 도출되지 않았으나, 동북아와 동남아 정상들이 함께 모여 경제 위기 해결을 위한 공동 대응의 필요성과 협력에 대한 공감대를 형성했다는 데 중요한 의미가 있다. 즉, 지금까지 경제적 네트워크에만 의존했던 지역협력의 과정이 미진한 결과를 가져왔던 것을 거울삼아, 정부 차원의 협력을 제도화함으로써 구체적인 성과를 거둘 수 있는 기틀이 될 것으로 기대할 수 있는 것이다. 이러한 제도화의 노력이 당장의 성과를 끌어내기는 어렵겠지만, 협력에 대한 논의와 정책협조에 대한 공동의 이슈에 상호 의견교환이 활성

화됨으로써 지역적인 수준의 문제를 지속적으로 다룰
수 있는 장을 마련했다는 데 중요한 의의가 있다고 본
다.

(2) 동아시아비전그룹

동아시아 경제위기는 역내 국가들이 정치적·종교
적·문화적 다양성에도 불구하고 지역협력을 강화시킬
필요성을 강하게 유인하였다. 이러한 상황은 경제적·
정치적·사회적·문화적 협력을 강화시키기 위한 방법
들에 대한 많은 논란을 가져왔다. 동아시아 국가간 상
호의존이 심화되면서 경제 위기는 곧바로 역내 다른 국
가들에게도 급속히 전염되었다.

ASEAN+3 정상회담에 참여한 정상들이 동아시아가
직면한 도전들에 대해 공감하던 차에 김대중 대통령(당
시)은 EAVG(East Asia Vision Group)를 제안하였
다[124]. EAVG란 21세기 동아시아 협력의 중장기 비전을
작성하기 위한 전문가들의 협의체를 말한다. 역내 정상
들은 이 제안에 환영의 뜻을 보였다. 동아시아비전그룹
의 목적은 동아시아 지역의 발전을 용이하게 하기 위한

---

124) 중앙일보, 1998. 12. 22.

경제적 유대를 포함한 정치적·사회문화적 협력을 강화하고 확대하는 방안을 찾는 데 있다. 동아시아비전그룹은 지역 내의 약한 유대를 강화시키고 그 원인을 파악함으로써 동아시아 역내 협력의 현황을 평가하자는 것이다. 그렇게 함으로서 동아시아의 다른 협력체들에 참여하는 지역 간 그리고 역내협력을 위한 구제적인 논의들을 해나갈 수 있는 것이다.

동아시아 중장기 비전을 형성함에 있어 비전그룹은 무역·투자·금융의 세계화뿐만 아니라 세계적인 지역주의의 확산을 고려할 것이다. 이러한 맥락에서 협력을 위한 새로운 패러다임을 찾고 동아시아의 잠재력을 계발하며 경제 발전에 기여하는 방안을 찾고자 하는 것이다. 협력에 관한 새로운 패러다임의 실행을 용이하게 하기 위해 비전그룹은 동아시아 역내의 경제·정치·사회문화적 협력을 위한 구체적인 단계를 지시하려고 하는 것이다.

조직과 운영을 살펴보면 각 정부는 2~3년의 학술, 문화, 경영 쪽의 전문가들을 비전그룹에 임명하였다. 비전그룹의 멤버들은 정부의 대표가 아닌 개인적인 참여이며 지식인들의 역내 네트워크를 형성한다. 비전그룹의 구성국은 ASEAN+3으로 시작하였다. 비전그룹은 2001년 ASEAN+3 정상회의 이전에 5회 모임을 가졌다. 1999년 후반에 서울에서 첫 모임이 있었으며 이때 회장과 다른 임원들은 선출하고 의제 및 절차를 결정하였다. 이후 모임은 일본, 중국, 인도네시아, 한국에서 각각 갖기로 하였다.

동아시아비전그룹 첫 모임에서 광범위한 주제를 다루었다. 주요 문제 가운데 세 가지 주제에 집중키로 하였는데, 동아시아 협력의 미래, 동아시아 경제 협력, 다른 협력 분야(사회, 문화, 교육, 정치 및 안보) 등이었다125).

---

125) 동아시아비전그룹 1차 모임 보고서(1999. 10).

<표 13> EAVG의 주요 내용

- 동아시아 자유무역지대(EAFTA) 추진: 동아시아 자유무역지대를 APEC의 보고르(Bogor)목표 이전(2020년)에 추진하고, EAFTA 검토를 위한 각료급 회의 개최
  - 역내 최빈국을 위한 일반특혜관세 및 특혜 조항을 고려
- FDI 확대를 위한 투자유인환경 조성: 동아시아 투자정보 네트워크 및 중소기업의 투자증진과 행정·금융 지원체제를 수립
  - ASEAN 투자지역(AIA)을 동아시아 전체로 확대하여 동아시아 투자지역(EAIA) 설립
- 자원 및 인프라 공동개발 추진: 인프라·IT·인적자원 개발 등 3개 우선 분야 지원 협력
  - 역내 저개발국에 대한 공적개발원조(ODA) 확대
  - 기술 이전 및 공동기술 개발을 통한 협력
- 신경제하에서 인적 자원 배양과 동아시아 정보하이웨이, 역내 소프트웨어 기술 및 멀티미디어 센터 건립, 동아시아 벤처기금 네트워크, 전자상거래 및 인터넷을 활성화
- 금융협력 분야: 역내차입협정과 환율공조체제 구축, 동아시아 차입협정 또는 동아시아통화기금(AMF) 설립 추진

자료: 정재완 외(2004).

방대한 영토, 풍부한 자원, 대규모 인구 등 동아시아 국가들은 발전과 진보를 위해 무한한 가능성을 가지고 있다. 지역의 상호 보완성은 이 가능성을 극대화 시킬 수 있는 것이다. 경제 발전 단계와 생활수준의 차이가 매우 크기 때문에 비전그룹에 속해 있는 개도국들이 실제적으로 협력의 이익을 확신하게 하는 과제가 있다. 동아시아비전그룹 보호 무역주의의 발흥에 의한 불이익

으로부터 회원국을 보호해야 하는 과제도 있다.

정치 안보적인 차원에서 어느 정도의 분쟁과 시각의 차이는 있을 것이다. 그러나 동아시아비전그룹은 이것을 협력을 저해하는 요소가 되어서는 안 된다고 주장한다. 유럽의 경우 경제 협력은 정치적 분쟁을 해결하도록 유도하였으므로 동아시아는 이러한 모델을 본받을 필요가 있다는 것이다.

동아시아비전그룹의 이러한 내용들은 동아시아가 제도적 협력체를 갖지 못한 유일한 지역이라는 인식과 동아시아 경제의 위기감에서 제안되었던 것이다. 동아시아비전그룹의 내용들은 ASEAN+3 정상회의의 발전을 보조하는 역할을 할 것으로 보이며 이를 위한 각국의 노력과 연구가 수반될 것으로 보인다.

동아시아비전그룹의 경우 비(非)정부 기관의 협의체인 만큼 그 보고서와 연구 결과물들이 얼마나 정부 간의 협력에 반영될 수 있는가 하는 것이 미지수이다. 그럼에도 불구하고 동아시아비전그룹은 그 논의의 대상을 경제적인 부분에 국한시키지 않고, 정치·사회적인 영역으로 확대하였다는 데 의의가 있다. 비공식적인 형태로 논의가 되기 때문에, 역외국의 불필요한 경제를 받지 않을 수 있으며 보다 심도 있는 의견교환도 가능해질 것으로 보인다. 무엇보다 동아시아 지역협력의 필연성과 이를 구체화하는 유인들을 회원각국이 인지할 수 있도록 하는 역할을 할 것으로 기대할 수 있다.

<표 14> EASG 협력사업의 주요 내용

- 단기협력사업
  - 최빈개도국에 대한 GSP 및 특혜조치 부여
  - FDI 유치 확대를 위한 투자 환경 조성
  - 동아시아 투자정보 네트워크 설립
  - 소성장지대의 자원, 인프라 개발, 금융지원 및 민간참여 장려
  - 인프라, IT, 인적자원 개발, ASEAN 경제통합 지원 및 협력 제공
  - 기술이전 및 공동 기술 개발
  - 통신인프라 구축 및 인터넷 보급 확대
  - 동아시아 think-tank 구축 등
- 중장기 및 추가적 검토 사업
  - 중소기업의 투자 증진
  - 동아시아 자유무역지대 설립
  - 동아시아 투자지대 설립
  - 역내 해양환경 협력 증진
  - ASEAN+3 정상회의를 동아시아 정상회의로 전환
  - 역내 금융기구 설립

자료: 정재완 외(2004).

참고문헌

<국문 단행본>

강웅선 역(1997), 「일본의 21세기 생존전략」(서울: 한송).

고우성(1995), 「동남아의 정치경제」(서울: 21C한국연구재단).

권기철·김홍구(1997), 「ASEAN」(서울: 전예원).

김국진 외(1993), 「ASEAN의 정치경제」(서울: 집문당).

김기태 역(1991), 「동남아사 입문」(한국외국어대학교).

김달중 편(1998), 「한국의 외교정책」(서울: 오름).

김무형 외(1997), 「국제경제의 이론과 현실」(서울: 법문사).

김성주 외(1996), 「동남아의 정치리더십」(서울: 21C 한국연구재단).

김성주 외(1994), 「동남아의 정치변동」(서울: 21C한국연구재단).

김성주 외(1991), 「동남아공산권 연구」(서울; 박영사).

김세원(1993), 「국제경제질서의 변화와 한국 경제와 한국 경제의 선택」(서울: 대한교과서 주식회사).

김순태 역(1992), 「새롭게 부상하는 아시아 경제블록」 (한국경제신문사).

김웅진(1993), 「비교정치연구의 논리」(서울: 전예원).

김우상 외(1997), 「국제관계론 강의 1·2」(서울: 한울).

김영애 외(1995), 「일제하의 동남아」(한국외국어대학교).

김희주·홍석일(1995), 「ASEAN의 도전」(서울: 산업연구원).

길승흠(1998), 「현대일본정치론」(서울대학교).

남덕우(1998), 「IMF사태의 원인과 교훈」(서울: 삼성 경제연구소).

동남아정치연구회(1991), 「동남아 정치입문」(서울: 박영사).

동남아정치연구회(1992), 「동남아 정치와 사회」(서울: 한울아카데미).

박광주 편(1998), 「신자유주의와 아시아의 경제위기 그리고 한국」(부산대학교).

박장식 외(1997), 「동남아의 사회와 문화」(서울: 오름).

박치정 외(1998), 「신국제질서의 이해」(서울: 한국국 제교류재단).

배정호 외(1999), 「국제갈등의 이해」(서울: 한국국제 교류재단).

백광일·윤영관 편(1999), 「동아시아: 위기의 정치경 제」(서울대학교).

변창구(1999), 「ASEAN과 동남아국제정치」(서울: 대왕사).

미쓰비시 종합연구소, 채홍식 역(1995), 「전예측아시아 1996」(서울: 나남).

손병해(1992), 「경제통합론 - 이론과 실제」(서울: 법문사).

신현종(1999), 「세계통상론」(서울: 법문사).

안병준 외(1997), 「국제정치경제와 한반도」(서울: 박영사).

야노토루 편(1997), 「지역연구의 방법」(서울: 전예원).

양승윤(1996), 「동남아와 ASEAN」(한국외국어대학교).

원용걸(1996), 「아세안 자유무역지대의 전개과정과 시사점」(서울: 대외경제정책연구원).

유한근 역(1992), 「동북아시아 경제권」(서울: 동아).

윤영관(1996), 「전환기 국제정치경제와 한국」(서울: 민음사).

이기탁(1997), 「현대국제정치이론」(서울: 박영사)

이대근(1993), 「세계경제론 - 글로벌화와 국민경제」(서울: 까치).

이문봉(1994), 「동남아화교기업」(서울: 길벗).

이상우·하영선 공편(1992), 「한국경제정치학」(서울: 나남).

이종원 외(1996), 「국제지역경제」(서울: 비봉).

이창재·홍익표(1999), "동북아 경제협력의 새로운 방향 모색", 「대외경제정책연구」.

이학규 외(1996), 「국제지역경제」(서울: 비봉).

정재완·김완중·권경덕(2004), 「ASEAN+3(한·중·
    일) 경제동향 및 한국과의 경협현황」(서울: 대외
    경제정책연구원)

조흥국 역(1994), 「인도차이나」(서울: 문덕사).

천상덕 외(1996), 「Greater ASEAN의 경제적 영향과
    정책대응방향」(서울: 산업연구원).

한석태 외(1991), 「미얀마의 정치와 경제」(극동문제연구소).

한국정치연구회(1998), 「동아시아 발전모델을 실패했
    는가」(서울: 삼임).

한국외대대학원 지역학연구회 편(1996), 「지역학의 현
    황과 과제」(한국외국어대학교).

<국문 논문>

권 율(1996), "메콩강유역 개발사업 추진현황과 과제",
    「지역경제」.

권태균(1996), "ADB의 메콩강유역 개발사업", 「지역
    경제」.

김기환(1996), "아시아·태평양지역의 사회적 조건과
    협력", 「현대사회」 43호.

김세원(1996), "국제경제질서의 재편과 한국경제-지

역주의는 다변주의적 조건을 충족시킬 수 있는
가", 「경제논집」 제35권, 제2·3호.

김태호(1996), "1990년대 중·러 군사협력의 현황과 전
망", 「중소연구」.

김현종(1997), "동아시아경제협력체(EAEC)에 관한 소
고", 고황논집, 제21집.

김희주·서동혁(1997), "멕시코 금융위기 사례 분석",
「KIET 실물경제」, 12월호.

남광규(1998), "중화경제: 지역화(Regionalization)를 통
한 중국경제의 확대 - 화남경제권과 동남아 화교자
본을 중심으로", 「국제지역연구」(한국외대 외국학
센터), 제2권 제3호.

남창희(1993), "일본의 주(駐) 캄보디아 PKO연구", 「국
제정치총론」 제33집, 2호

도진순(1998), "신자유주의 세계화와 동아시아 그리고
한반도", 「당대비평」 3월호.

류기희(1997), "메콩강위원회와 메콩강유역개발", 「지
역경제」 5월호.

박광주(1998), "아시아 공동체, 현실인가 신화인가",
「아시아와 세계화」(서울: 세종연구소).

박번순(1999), "태국 외환위기 조사보고서", 「CEO Infor-
mation」.

박성훈(1998), "APEC의 개방적 지역주의: 개념과 실
    천방안", 「IRI 리뷰」 Vol. 3. No. 1.

박인원(1997), "동남아 경제전망", 「삼성경제」 12월호.

배긍찬(1998), "동아시아 금융위기와 지역경제협력 전
    망", 「주요국제문제분석」 98-43.

배긍찬(1999), "ASEAN과 ARF", 「국제문제」(서울: 국
    제문제연구소) Vol. 30, No. 4.

배긍찬(1999), "동아시아 지역경제협력 전망", 「주요
    국제문제분석」 99-02.

변진석(1996), "아태지역협력에 대한 아세안의 입장과
    전략", 「한국정치학회보」 30집, 3호.

손승호(1996), "메콩강유역 개발 현황과 전망", 「수은
    조사월보」(서울: 수출입은행).

신용대(1996), "세계경제의 지역주의 확산과 우리의
    대응", 「IRI 리뷰」, 제1권 3호, 가을.

우제룡(1998), "IMF의 동아시아 금융위기 처리조치에
    대한 비판", 「신동아」 7월호.

이광일(1998), "국제금융자본과 IMF관리", 「동아시아
    발전모델은 실패했는가」 한국정치연구회 편.

이광철 외(1995), "한국과 일본기업의 대동남아 투자
    비교연구", 「동남아의 정치경제」(서울: 21세기
    한국연구재단).

이대균(1998), "세계경제질서 변화와 아시아적 대응이론", 「IMF극복의 정책과제」(서울: 삼성경제연구소).

이동휘(1996), "국제질서 재편과 동북아지역 협력", 「외교」(한국외교협회).

이무웅(1998), "동북아 다자안보협력의 실현방안", 「정책연구」. 여름－겨울호.

이상봉(1996), "탈냉전기 일본의 국제정치적 위상 변화", 「사회과학논총」(부산: 부산대학교) 제15권.

이수훈(1996), "현 국면 자본주의 세계경제의 성격", 「동아시아 신질서의 모색」(경남대학교 극동문제연구소 편).

이요한(1998), "남중국해 분쟁과 중국·아세안의 대응", 「국제지역연구」(한국외대 외국학종합연구센터), 제2권 제3호.

이호철(1996), "국제정치경제질서의 변화와 동아시아", 「동아시아 신질서의 모색」(경남대학교 극동문제연구소 편).

임호균(1996), "메콩강 유역방문 투자 활동보고서", 「전경련」.

전황수(1995), "일본의 대안세안 경제협력정책: 정부개발원(ODA)의 목적과 성과", 국제정치총론, 제35집 2호.

정수산(1996), "중국의 남사군도 정책", 「국제문제분석」1월호.

정인교(1998), "지역무역협정의 확산과 우리의 대응", 「대외경제정책연구원」(서울: KIEP), 12. 30.

조석현(1997), "동남아 외환시장의 불안", 「수은조사월보」8월호.

조셉·S·나이(1997), "미국의 新아시아 戰略(上)", 「국제문제」(서울: 국제문제연구소), 28권 3호.

최진우(1997), "지역경제블럭과 한국: APEC에서의 한국의 위상과 대응책", 안병준 외 「국제정치경제와 한반도」(서울: 박영사).

천상덕(1996), "메콩강유역 개발 가속화", 「KIET실물경제」.

최동주·김정인(1997), "메콩강유역 개발과 환경문제: 국가간 갈등과 개발부진 가능성에 대한 전망", 1997년 하계 동남아학회 학술세미나 발표논문.

최용권(1997), "외환위기후 아시아내 일본계 해외투자 기업의 활동실태", 「수은조사월보」

홍수원 譯 Naisbitt John(1996), 「매가드랜드 아시아」(서울: 한국경제신문사).

<영문 단행본>

Brown M. Lean(1994), *Developing Countries and Regional Economic Cooperation,* (London.: Preaser).

Chan Steve(1990), *East Asian Dynamism*, Westview Press.

Dewi Fortuna Anwar(1991), Indonesian in ASEAN, ISEAS.

Gekan Wijeyewardence eds., (1990), Ethnic Groups across National Bundaries in Mainland Southeast Asia, ISEAS.

Hans Christoph Reiger(1994), *ASEAN Economic Cooperation*, ISEAS.

Hamish Mcrae(1994), *The World in 2020: Power, Culture and Prosperity—A Vision of the Future*, (London: Harper Collins Publisher)

Korhonen Pekka(1994), Japan and the Pacific Free Trade Area, (London and New York: Routledge).

Lee Tsao Yuan(1994), *Growth Triangle*, ISEAS.

Naisbitt John(1996), Megatrend Asia, Eight Asian Megatrend That Are Shaping Our World(New York: Simon & Schuster).

Pyle Kenneth(1996), The Japanese Question: Power and Purpose in a New Era, Second Edition, (Washington DC: AEI)

<영문 논문>

Acharya Amitav(1995), "ASEAN and Asia-Pacific Multilateralism: Managing Regional Security", in Acharya Amitav & Subbs Richard(ed.), *New Challenge for ASEAN*(Vancuver: UBC Press)

Akransanee, Narongchai & Stifel, David(1994), "A Vision of Southeast Asia in the year 2000: Towards a Common Economic Regime", *Contemporary Southeast Asia,* Vol. 14, No. 1.

Allan Meltzer, "Asian Problems and the IMF", *the Cato Journal,* Vol. 17, No. 3.

Amer, Ramses(1995), "Vietnam and Its Neighbours: The Border Dispute Dimension", *Contemporary Southeast Asia,* Vol. 17, No. 3.

Antolik, Micheal(1993), "ASEAN's Bridges to Vietnam and Laos", *Contemporary Southeast policy,* Vol. 15, No. 2, August.

Bhagwati, J. (1993), "Regionalism and Multilateralism: an Overview", *New Dimensions in Regional Integration,* J. De Melo and A. Panagariya, Cambridge University Press.

Binnendijk Hans(1996), "U. S. Strategic Objective

in East Asia." *Strategic Forum,* No.68, March.

Chu Sulung(1994), "Does Hegemony Matter? The Reorganization of the Pacific Political Economy", *World Politics,* Vol. 45, No. 4.

Cronin Patrick M. & Vogel Ezra F. (1995), "Unifying U. S. Policy on Japan", *Strategic Forum,* No. 51, November.

Daniel Y. Coulter(1996), "South China Sea Fisheries: Countdown to Calamity", *Contemporary Sout-heast Asia,* Vol. 17, No. 4.

David Sambough(1994), "Growing Strong: China's Security Challenge to Asian Security", *Survival,* Vol. 36, No. 12.

Eero Palmujoki(1997), "EU-ASEAN Relation: Reconciling Two Different Agendas", *Contemporary Southeast Asia,* Vol. 19, No. 3. December.

Esmond D. Smith, JR(1994), "China's Aspiration in the Spratly Islands", *Contemporary Southeast Asia,* Vol. 16, No. 3.

Feldstein Martin(1999), "A Self-Help Guide for Emerging Markets", *Foreign Affairs* March/April(Vol. 78, No. 2).

Foot, Rosemary(1996), Thinking Globally From a Regional Perspective: Chinese, Indonesia and Malaysian Reflections on the Post−Cold War Era", Contemporary Southeast Asia, Vol. 18, No. 1.

Gainsboraugh, Martin(1994), "Indochina: form Confrontation to Cooperation", World Today, Vol. 50, No. 8−9.

Garret, G. (1992), "International Cooperation Choice", International Organization, Vol. 46, No. 2.

Gilpin, Robert(1993), "The Debate about the New World Economic Order", Japan Emerging Global Role(Boulder, CO: Lynn Rienner Publishers).

Godwin, Paul H. B. (1994), "Force and Diplomacy: Chinese Security Policy in Post Cold War Era", in Samuel S. Kim, ed., Chinese and World: Chinese Foreign Relations in the Post− Cold War Era, (Boulder: Westview Press).

Hamada Koichi(1999), "From the AMF to the Miyazawa Initiative: Observations on Japan's Currency Diplomacy", The Journal of East Asia Affairs, Vol. 13, No. 1.

Harding Harry(1994), "Powers", Contemporary

Southeast Asia, Vol. 14, No. 1.

Hettne, B. (1993), "Neo—Mercantilism: the Pursuit of Regionness", *Cooperation and Conflict,* Vol. 28, No. 3.

Hoffman Stanley(1995), "The Crisis of Liberal Internationalism", *Foreign Policy,* No. 98.

Hussin Mutalib(1997), "At Thirty, ASEAN Looks to Challenge in the New Millenium", *Contemporary Southeast Asia,* Vol. 19, No. 1.

John Funston(1998), "ASEAN: Out of Its Depth?", *Contemporary Southeast Asia,* Vol. 20, No. 1.

Johnson Chalmers(1997), "Old Military Alliance Repackaged Threaten Asian Stability", *Japan Times,* 9. 25.

Johnstone Christopher B. (1999), "Paradigm Lost: Japan's Asia Policy in a Time of Growing Chinese Power", *Contemporary Southeast Asia,* Vol. 21, No.3, December.

Keohane, R. O. (1989), "Neoliberal Institutionalism: A Perspective on World Politics", *International Institution and State Power*(Boulder: Westview Press).

Krugman, P. (1995), "Is Bilateralism Bad?" in E.

Helpman and A. Razin, des., *International Trade and Trade Policy,* Cambridge, MA: MIT Press.

Krugman, P. (1995), "Growing World Trade: Causes and Consequences", *Brookings Papers on Economic Activity,* No. 1.

Kurus, Bilson(1995), "The ASEAN Triad: National Interest, Consensus−Seeking and Economic Cooperation", *Contemporary Southeast Asia,* Vol. 18, No, 4.

Lief Roderick Rosenberger(1997), "Southeast Asia's Currency Crisis", *Contemporary Southeast Asia,* Vol. 19, No. 3. December.

Levy, P. I. (1997), "A Political−Economic Analysis of Free Trade Agreement", *American Economic Review,* Vol. 87, No. 4.

Lim Robyn(1998), "The ASEAN Regional Forum: Building on Sand", *Contemporary Southeast Asia,* Vol. 20, No. 2.

Manning Robert(1994), "Burdens of the Past, Dilemmas of the Future: Sino−Japanese Relations in the Emerging International System", *The Washington Quarterly,* Vol. 17, No. 1.

Moller Kay(1996), "East Asian Security: Lesson from Europe?", *Contemporary Southeast Asia,* Vol. 17, No. 4.

Mochtar Kusumaatmadja(1991), "ASEAN and the Pacific in the 1990s", *The Indonesian Quarterly,* Vol. 14, No. 2.

Moore. T. G and Yang Dixia(1999), "China, APEC and Economic Regionalism in the Asia–Pacific", *The Journal of East Asian Affairs,* Vol. 13, No. 2.

Moravcsik, A. (1991), "Negotiating the Single European Community", *International Organization,* Vol. 45, No. 1.

Mya Than(1992), "Rehabilitation and Economic Reconstruction in Cambodia", *Contemporary Southeast Asia,* Vol. 14, No. 3.

Narine Shaun(1997), "ASEAN and the Management of Regional Security", *Pacific Affairs,* Vol. 71, No. 2.

Pan Long Tsai(1999), "Regional Integration, Foreign Investment and Optimal Trade and Investment Policy", *International Economic Journal,* Vol. 13, No. 1.

Paribatra, Sukhumbhand(1994), "From ASEAN Six

to ASEAN Ten: Issues and Prospects", *Contemporary Southeast Asia,* Vol. 16, No. 3, December.

Rajan Ramkishen S(1998), "Initiatives in Response to the East Asian Crisis", *Institute of Polcy studies,* IPS.

Ramesh Thakur(1998), "Australia's Regional Engagement", *Contemporary Southeast Asia,* Vol. 20, No. 1, April.

Richard E. Baldwin and Elena Seghezza(1998), "Regional Integration and Growth in Developing Nations", *Journal of Economic Integration,* Vol. 13, No. 3.

Richardson Michael(1999), "As Demand Shrivel Up, Deflation Is Asia's Worry", *International Herald Tribune.*

Ryan Michael P. (1994), "East Asian Political Economies and the GATT Regime", *Asian Survey,* Vol. 24, No. 6.

Roy Denny(1993), "Consequence of China's Economic Growth for Asia-Pacific Security", *Security Dialogue,* Vol. 24, No. 2.

Ryokichi Hirono(1988), "Future Prospects for

Economic Cooperation in Asia and the Pacific Region", in a Robert A. Scalapino and Masaka Kosaka, ed., *Peace, Politics and Economics in Asia: The Challenge to Cooperate*(Washington DC: Pergamon—Brassey's International Defense Publishers).

Simon Sheldon W. (1994), "East Asian Security: The Playing Field Has Changed", *Asian Survey,* Vol. 34, No. 12.

Singh, Hari(1993), "Prospects for Regional Stability in Southeast Asia in the Post—Cold Era", *Millenium,* Vol. 22, No. 2.

Smith, P. (1993), "The Politics of Integration: Concepts and Themes" in Smith, P. (ed), *The Challenge of Integration*(New Brunswick: Transaction Publishers).

Suisheng Zhao(1998). "Soft versus Structured Re—gionalism: Organizational Forms of Cooperation in Asia—Pacific", *The Journal of East Asian Affairs,* Vol. 12. No. 1, Winter/Spring.

Tay Simon S. C. and Talib Obood(1997), "The ASEAN Regional Forum: Preparing for Preventive Diplomacy", *Contemporary Southeast Asia,* Vol. 19, No, 3.

Valencia, Mark J. (1993), "Spratly Solution Still at Sea", *The Pacific Review,* Vol. 6, No. 2.

Wesley, Michael(1999), "The Asian Crisis and the Adequacy of Regional Institutions", *Contemporary Southeast Asia,* Vol. 21, No. 1.

찾아보기

· 저자 ·

· 약력 ·
한국외국어대학교 경제학과 졸업
동대학원 아시아지역학과 및 국제관계학과 졸업
호서대학교 겸임교수
서강대학교 동아연구소 연구원
現 우송대학교 경영학부 초빙교수

· 주요저서 ·
『ASEAN과 동남아국가연구』 (공저)
『Regional Cooperation and Identity Building in
East Asia』 (공저)
『동남아의 경제성장과 발전전략』 (공저)
외 다수

아시아 지역경제론
위기와 통합

· 초판 인쇄	2005년 8월 30일
· 초판 발행	2005년 8월 30일
· 지 은 이	이요한
· 펴 낸 이	채종준
· 펴 낸 곳	한국학술정보㈜
	경기도 파주시 교하읍 문발리 526-2
	파주출판문화정보산업단지
	전화 031)908-3181(대표) · 팩스 031)908-3189
	홈페이지 http://www.kstudy.com
	e-mail(e-Book사업부) ebook@kstudy.com
· 등 록	제일산-115호(2000. 6. 19)
· 가 격	18,000원

ISBN   89-534-2913-7 93340 (paper book)
        89-534-2914-5 98340 (e-Book)